AF240568

INTRODUCTION

À

L'HISTOIRE JURIDIQUE

DE LA

DYNASTIE BABYLONIENNE

PAR

G. BOYER

Professeur agrégé à la Faculté de Droit de Toulouse

PARIS

LIBRAIRIE ORIENTALISTE PAUL GEUTHNER

13, RUE JACOB (VI°)

1928

CONTRIBUTION

A

L'HISTOIRE JURIDIQUE

DE LA

1re DYNASTIE BABYLONIENNE

CONTRIBUTION

A

L'HISTOIRE JURIDIQUE

DE LA

1re DYNASTIE BABYLONIENNE

PAR

G. BOYER

Professeur agrégé à la Faculté de Droit de Toulouse

PARIS

LIBRAIRIE ORIENTALISTE PAUL GEUTHNER

13, RUE JACOB, (VIe)

1928

PRÉFACE

Les tablettes, qui sont l'objet de la présente publication, font partie de la collection de l'École des Hautes-Études (section des Sciences historiques et philologiques) et ont été acquises, par les soins du P. V. Scheil, avant 1914. Pour assurer à ce recueil une plus grande unité, j'ai cru devoir borner mon choix à un certain nombre de textes de même époque, de même provenance et se rapportant tous, à des titres divers, à l'histoire des institutions juridiques. Les textes contenus dans ce volume remontent tous à la première dynastie babylonienne (xxe et xxie siècles avant notre ère). La plupart sont datés des règnes d'Hammourabi et de son successeur Samsuiluna. Ils sont tous originaires de la Mésopotamie méridionale, de la ville de Larsa et de la région environnante. Leur rédaction, les noms de lieux et de personnes qu'ils renferment, en sont la preuve manifeste.

L'étude du droit, en vigueur pendant cette période, dans la région mésopotamienne a, depuis plus de trente ans, été entreprise à la fois par les assyriologues et par les juristes. La publication du Code d'Hammourabi par le P. V. Scheil, les milliers de tablettes actuellement connues, contrats, lettres, jugements, ont permis aux érudits d'obtenir les indications les plus précieuses pour la connaissance de la civilisation babylonienne et pour le développement des études de droit comparé. Qu'il me suffise de rappeler ici les travaux de MM. Cuq, Meissner, Kohler, Koschaker et Schorr, pour ne parler que des plus importants et des plus connus. Mais, malgré l'abondance des textes et la valeur des savants qui les ont étudiés, notre connaissance de l'ancien droit babylonien comporte encore bien des lacunes et des incertitudes. Je n'ai donc pas cru inutile de faire connaître les textes de cet ordre que renferme la collection de l'École des Hautes-Études. Plusieurs de ces textes ont été déjà publiés par le P. V. Scheil dans la *Revue d'Assyriologie*. Je les ai, cependant, insérés dans ce volume, sur le conseil du P. Scheil lui-même, pour permettre aux travailleurs de les retrouver plus commodément que dans les tomes séparés d'une revue.

A la transcription et à la traduction des textes reproduits, j'ai joint des commentaires juridiques relatifs à leur contenu. Le plus souvent, ces commentaires ne sont que l'analyse des conclusions auxquelles sont parvenus les auteurs qui ont déjà étudié la question. Leur seul but sera de faciliter la tâche des lecteurs, en leur rappelant l'état actuel de nos connaissances sur le point de droit visé par le texte. Parfois, au contraire, je me suis permis de présenter quelques hypothèses nouvelles, quand les textes que je publie ne m'ont pas paru explicables à l'aide des travaux actuellement connus.

Qu'il me soit permis avant de clore cette préface d'adresser l'hommage de ma plus respectueuse gratitude au P. V. Scheil, directeur d'études à l'École des Hautes-Études, qui, pendant quatre ans, n'a pas cessé de guider mes travaux et de contrôler mes premiers essais. Je ne saurais oublier non plus, dans l'expression de ma reconnaissance, M. l'abbé Desnoyers, professeur d'Écriture Sainte à l'Institut Catholique de Toulouse, qui m'initia à l'étude des langues sémitiques et me donna, le premier, le goût des recherches assyriologiques.

ADOPTION

H.E. 120

(I) (d.) šamaš-larsa-(ki)-e-ša-am- [ši [1]]
    <C'est> Šamaš-Larse-šamši

(I) ì-lí-tu-ra-am
    <que> Ilituram

ù a-wi-il-ti-ì-lí dam-a-ni [2]
    et Awilti-ili, son épouse,

nam-dumu-ne-ne-šû šu-ba-an-ti-meš
    en qualité de fils ont pris.

5 nam-ibila-ni-šu
    Dans leur filiation héréditaire

in-gar-ri-eš
    ils <l'> ont placé.

ukur-šu tukundibi
    A l'avenir, si

(I) (d.) šamaš-larsa-(ki)-e ša-am-ši
    Šamaš-Larse-šamši

nam ì-lí-tu-ra-am ad-da-ni
    à Ilituram son père

10 ù a-wi-il-ti-ì-lí ama-ni
    et à Awilti-ili sa mère

ad-da-mu nu-me-en ama-mu nu-me-en
    « Tu n'es pas mon père, tu n'es pas ma mère »

ba-an-na-an-gù-śa
    dit,

nam kú-babbar in-na-an-sum-mu-uš
    pour de l'argent ils le vendront ;

ù tukundibi
    et si

Tranche

15 (I) ì-lí-tu-ra-am ad-da-ni
    Ilituram son père

ù a-wi-il-ti-ì-lí ama-ni
    et Awilti-ili sa mère

Revers nam (d.) šamaš larsa-(ki)-e ša-am-ši dumu-na ?-ne ?
    à Šamaš-Larse-šamši leur fils

dumu-mu nu-me-en ba-an-na-an-gù-ša
    « Tu n'es pas mon fils » disent,

ê nig-ga ba-ra-è-ne-eš
    ils perdront maison et mobilier.

---

1. La lecture *Samaš Larsa (ki) e šamši* est imposée par la tablette. Voir une explication ʌraisemblable de ce nom dans Scheil, *Revue d'Assyriologie*, XII, p. 70.

2. Les noms d'Ilituram et de sa femme Awilti-ili se trouvent dans une autre tablette originaire de Larsa : *Yale Babylonian Collection*, n° 4857 ; cf., *Yale Babylonian Texts*, vol. 5, table onomastique.

20 mu (d.)-marduk (d.) šamaš (d.) nan- nar	Par Marduk, Šamaš, Nannar
ù sa-am-su i-lu-na lugal in-pad-de- eš	et le roi Samsuiluna, ils ont juré
igi a-bil i-lí-šu dumu a...... a	Par-devant Abililišu fils de.....,
(I) (d.) nin-ib-ib-ni-šu dumu bi-ta- tum	Ninib-ibnišu fils de Bitatum,
(I) (d.) sin-ri-me-ni dumu še-ip (d.) sin	Sin-rimeni fils de Šep-Sin,
25 (I).......... di-mu-um dumu li?- bi-tum	..........dimum ? fils de Libitum,
(I)......... mu-še-zi-ib	..........mušezib
.... a-pa-dug-gi-a	....
kišib [lù] inim-ma-bi-meš íb-ra	Avec le sceau des témoins on a scellé.
itu še-kin-kud [ud]..... (kam)	Mois d'addar x^e jour
...........(ki ?)..............	....
bád-gal gul?-la [1]	il a détruit ? la forteresse.

L'acte d'adoption contenu dans la tablette H.E. 120 est entièrement conforme au type habituel des actes de cette nature déjà connus. Sa seule origi-
nalité consiste dans sa rédaction entièrement sumérienne [2], les noms des parties et des témoins étant, au contraire, de forme sémitique.

L'acte se décompose en trois parties : 1° la clause d'adoption proprement dite
par laquelle les adoptants « prennent » [3] pour fils, l'adopté ; 2° une double
clause pénale sanctionnant la rupture du lien de filiation ainsi formé ; enfin, 3°
le serment par lequel les parties s'engagent à respecter la convention. L'indication des témoins, de l'apposition de leur sceau, et la date authentifient l'acte.

Du fait que les parents de l'adopté ne sont pas mentionnés dans l'acte, il
faut conclure que c'est l'intéressé lui-même qui consent à son adoption, comme
il est dit expressément dans des textes analogues [4]. La nécessité d'une clause
pénale pour rupture injustifiée de la filiation adoptive, s'explique par le droit
reconnu au père d'exclure son fils, adoptif ou non, de la famille. Les §§ 168-
169 du Code d'Hammourabi se bornent à réglementer l'exercice de ce droit,

1. La date de l'année est à peu près complètement illisible sur la tablette. Les signes
qui subsistent permettent de conjecturer qu'elle doit être reportée à la onzième année du
règne de Samsuiluna.

2. Voir pour un autre exemple d'acte d'adoption rédigé en sumérien P. 4. U A. R. 11,
H. Ges. IV 781 mais conçu suivant un formulaire différent de H. E. 120.

3. *Šubantimeš* = *ilqû*, cf. V. S. VIII 73 l. 6.

4. E. G. 45, H. Ges. VI 1421, B. I. N. II 75, H. Ges. VI 1425.

sans l'abroger. Cette exclusion de la famille paraît, dans notre texte, résulter de la prononciation d'une formule solennelle (l. 11 et 18). Mais, elle pouvait également être la conséquence d'un acte non formel, par exemple : faire exécuter au fils des travaux serviles [1]. Le Code n'édictait, contre de telles ruptures du lien adoptif, que des peines moins graves et ne s'appliquant que dans des hypothèses limitées (§§ 186, 190-193). De là l'usage, dans la pratique, de stipulations de peines plus strictes. Le fils rebelle est vendu comme esclave. Le père adoptif doit abandonner à l'enfant renvoyé une portion plus ou moins considérable des biens qui auraient dû constituer la part héréditaire de celui-ci. Suivant les textes, le fils reçoit une somme d'argent [2], des immeubles [3] ou, comme dans H.E. 120, une maison et un mobilier. Cette expression ne désigne certainement pas l'ensemble du patrimoine des parents adoptifs, puisque, parfois, en outre de la maison et du mobilier, le père doit abandonner au fils renvoyé une assez forte somme d'argent [4].

PARTAGES

H.E. 101

6 mâr i-bi-(il)-gir	6 au fils de Ibi-Gira,
6 (il) šamaš-(il)-ṣulul	6 à Šamaš-Ṣulul,
6 i-ṭab-ba-ni-ya	6 à Iṭab-baniya,
5 ì-lí-ma ilu	5 à Ilima-Ilu,
5 5 ì-lí-a-bi	5 à Ili-abi,
3 a-bu-wa-qar	3 à Abu-waqar,
1 mâr ir-ṣi-tim	1 à Mâr-irṣitim,
4 ibqu (il)-ilabrat	4 à Ibqu-Ilabrat,
3 ilu na-ṣi-ir	3 à Ilu-naṣir,
10 4 (il)sin ba-la-an-ni	4 à Sin-balanni,
2 ib-ni (il) adad	2 à Ibni Adad,
7 ì-lí ip-pa-al-za-am	7 à Ili-ippalzam,
5 še-ip (il) sin	5 à Šep-Sin,
26 ša a-na ma-du-tim zi-zu	26 à plusicurs <autres> ils ont partagé

---

1. R. 17, H. Ges. III 14.
2. B. I. N. II 75, H. Ges. VI 1425.
3. P. 4, H. Ges. IV 781.
4. P. 24, H. Ges. IV 782.

15 83 ka-ni-ku	<Total> 83 ; acte scellé.
waraḫ šâbaṭi umi 12 (kam)	Mois de šabaṭ, deuxième jour,
Mu ḫa-am-mu-ra-bi Lugal-E	l'année où le roi Hammourabi
Bád-Gal Kara (il) šamaš (ki)	la forteresse de Kar-Šamaš
Mu-Un-Dù-A [1]	a construit.

La rédaction de la tablette H.E. 101 se rapproche beaucoup du formulaire habituel des textes de comptabilité administrative, qui constatent les distributions de fournitures diverses, denrées alimentaires ou vêtements, faites par le palais et par les temples aux fonctionnaires qui en dépendent. Elle en reproduit les caractères, succession de chiffres suivis du nom de l'attributaire, absence de témoins et de sceau. La nature des objets attribués ne nous est pas indiquée. Ce sont probablement des objets indivisibles, comme des esclaves ou des têtes de bétail, puisque la tablette ne porte aucun chiffre fractionnaire.

Quelques indices permettent, néanmoins, de penser que l'opération constatée dans notre texte n'est pas de nature administrative et doit être plutôt considérée comme relevant du droit privé. L'absence de témoins et de sceau peut s'expliquer si notre texte n'est pas l'acte original, mais un extrait de celuici. Or, cette hypothèse est rendue possible par l'expression *ana madutim*, à la ligne 14. L'acte original devait normalement porter l'énumération complète des parties prenantes. De même le mot *Kaniku*, à la ligne 15, ne peut se rapporter à notre tablette, qui ne porte aucune empreinte de sceau et doit viser probablement l'original de l'acte de répartition. Le verbe *zizu* (l. 14), n'ayant pas de sujet exprimé, laisse à penser que cette répartition a été faite par les soins des attributaires. — Quant à la nature de l'opération juridique, qui a donné lieu à ce partage, en lots inégaux, entre un grand nombre de personnes, rien dans notre texte ne permet de la deviner.

<h3 style="text-align:center">H.E. 109</h3>

7 šiqil Igi 6 Gàl kaspi Šám (reš) amti	7 sicles 1/6 d'argent, prix d'une servante ;
22 2/3 ma-na urudi	22 mines 2/3 de cuivre,
zitti du-mu-uq (il) šamaš	part de Dumuq Šamaš.
3 1/2 šiqil 15 Še kaspi Šám amti	3 sicles 1/2 15 grains d'argent prix d'une servante ;
5 11 1/3 ma-na urudi	11 mines 1/3 de cuivre,

1. 42e année du règne d'Hammourabi.

zitti ib-ku-(il)-ištar — part d'Ibqu Ištar.

3 1/2 šiqil 15 Še kaspi Šám (reš) amti — 3 sicles 1/2 15 grains d'argent prix d'une servante ;

11 1/3 ma-na urudi — 11 mines 1/3 de cuivre,

zitti ḫu-za-lum — part de Ḫuzalum.

10   3 1/2 šiqil 15 Še kaspi Šám (reš) amti — 3 sicles 1/2 15 grains d'argent prix d'une servante ;

11 1/3 ma-na urudi — 11 mines 1/3 de cuivre,

zitti (il) šamaš........ — part de Šamaš.......

3 1/2 šiqil 15 Še kaspi..... — 3 sicles 1/2 15 grains d'argent....,

11 1/3 ma-na urudi — 11 mines 1/3 de cuivre,

15   zitti ṣi-lí-ê-maḫ[1] — part de Ṣili-Emaḫ.

Revers 3 1/2 šiqil 15 Še kaspi..... — 3 sicles 1/2 15 grains d'argent....,

11 1/3 ma-na urudi — 11 mines 1/3 de cuivre,

zitti ga-du-ta-a-nu — part de Gadutânu.

i-na bîti ša i-di-ili-šû....... — Dans la maison de Idi-ilišu........

20   ....[2] Gab-Bi Ni-Ba-E — ensemble (?) ils ont partagé[3].

Ukur-Šu Ud Nu-Me-En....... — A l'avenir, jamais

Lù-Lù-Ra Inim — un homme contre un homme une réclamation <n'élèvera>.

niš (il)........ ù ḫa-am-mu-ra-pi Lugal — Par le nom de..... et du roi Hammourabi

In-Pad-De-Eš — ils ont juré.

25   maḫar u-ba-a-a-tum awil mu...-na — Par-devant Ubayatum........,

maḫar ib ?-ni-u — par-devant Ibniu (?),

maḫar li-iš-lim-ki-nu-um — par-devant Lišlim-Kinum,

maḫar e-li ?..........e — par-devant Eli.........,

maḫar na-[ram ?]-(il) sin — par-devant Naram Sin,

30   maḫar lù-(il)-nin........... — par-devant Lu-Nin......,

maḫar ši-ip........(il) sin — par-devant Šep......Sin,

maḫar ì-lí-tu-ra-a-am — par-devant Ili-turam,

maḫar ì-lí-ip-pa-aš-ra-am — par-devant Ili-ippašram,

maḫar (il) sin ?-a.........i — par-devant ....,

35   maḫar ì-lí-i-din-nam — par-devant Ili-idinnam,

---

1. La lecture ṣi.li est imposée par la ligne 6 de la tablette H. E. 127.

2. Les premiers signes de cette ligne sont à peu près illisibles. Peut-être faut-il y voir Ur.A.Si comme dans P. 23 l.23.

3. La traduction littérale serait « Ils partageront ». Mais l'ensemble du texte indique que l'opération du partage est terminée. Sur l'emploi erroné des formes verbales sumériennes par les scribes de l'époque d'Hammourabi cf. Koschaker, *Münch. Krit. Vierteljahrschrift*, XVI, p. 432 et San Nicolò, *Schlussklauseln*, p. 94, n. 26.

maḫar li-bi-it-ištar	par-devant Lipit Ištar
Kišib Lù Inim-Ma Ab-Bi-Meš	Le sceau des témoins <a été apposé>.
waraḫ addari	Mois d'addar
Mu ḫa-am-mu-ra-bi Lugal [1]	L'année où le roi Hammourabi....

H.E. 127.

1/2 šiqlim 24 Še Šu-Su-Ub-Bu-um	1/2 sicle 24 grains <d'argent?> brillant [2],
zitti du-mu-uq (il) šamaš	part de Dumuq-Šamaš ;
Igi 4 Gàl 12 Še ḫu-za-la-tum	1/4 de sicle 12 grains <part de> Ḫuzalatum ;
Igi 4 Gàl 12 Še ib-ku-(il)-[ištar]	1/4 de sicle 12 grains <part de> Ibqu-Ištar ;
5 Igi 4 Gàl 12 Še (il) šamaš	1/4 de sicle 12 grains <part de> Šamaš.........,
Igi 4 Gàl 12 Še și-li-[e-maḫ]	1/4 de sicle 12 grains <part de> Șili Emaḫ ;
Igi 4 Gàl 12 Še ga-du-[ta-a-nu]	1/4 de sicle 12 grains <part de> Gadutânu ;
bi-ša-am ù ma-ku-ra-am	Biens et propriétés,
ša i-ba-aš-šu-u	qui se trouvent
10 mi-it-ḫa-riš	ensemble,
i-zu-zu	ils ont partagé.
duppi E (il) šamaš	Tablette du temple de Šamaš [3].
niš (il) marduk (il) šamaš........	Par le nom de Marduk, de Šamaš

1. La formule de l'année est certainement incomplète. Telle qu'elle est portée sur la tablette elle se présente comme celle de la première année du règne d'Hammourabi. Mais la tablette H. E. 127 qui relate une opération identique et où figurent les mêmes personnes que dans H. E. 109, est expressément datée de la 32e année du même règne. Comme il est invraisemblable que les opérations de partage entre les mêmes personnes se soient prolongées plus de trente ans, il faut admettre que le scribe a abrégé la formule de l'année au point de la rendre méconnaissable.

2. L'idéogramme Šu.Su.Ub.Bu, cf. Brünnow 7075, a pour équivalent akkadien *mašašu* = « briller », duquel est formé l'adjectif *maššu*, employé pour qualifier les métaux ; cf. Delitzsch, A. H. W., p. 434. Notre texte n'indique pas la nature du métal ainsi qualifié. Étant donné le faible poids, environ 18 grammes, de la masse partagée, il ne peut s'agir que d'un métal précieux, or ou argent.

3. Cette clause vise probablement le lieu où a été rédigée la tablette. Sur l'usage de procéder aux partages dans les temples, cf. H. Ges. III, p. 232, et IV, p. 89, et sur l'explication de et usage, cf. Cuq, *Revue d'Assyriologie*, VII, p. 80.

ù ḫa-mu-um-ra-bi Lugal	et du roi Hammourabi,
15 In-Pad-De-Eš	ils ont juré.
maḫar u-ba-[a]-a-tum	Par-devant Ubayatum,
maḫar (il)........ Ba-E	par-devant..........
maḫar .... ḫa	par-devant..........
maḫar (il) du?-ni	par-devant..........
20 maḫar............ it-ti-ri	par-devant...... ittiri
. . . .	. . . .
. . . .	. . . .
maḫar ....li-wi-ir	par-devant..... liwir.
Kišib Lù-Ki Inim-Meš	Le sceau des témoins,
25 Ib-Ra-Meš	ils ont apposé.
waraḫ šabaṭu um 28 (kam)	Mois de šabaṭ, 28ᵉ jour,
Mu Ki-Kuš-Lu-Ub-Gar	l'année où l'armée
Eš-Nun-Na	de Tupliaš
(Giš) Tukul Ba-An-Sig	par les armes <a été> vaincue
30 (I) ḫa-mu-um-ra-bi Lugal ¹	<par> le roi Hammourabi.

Les tablettes H.E. 109 et 127 nous rapportent deux opérations de partage identiques effectuées suivant les mêmes règles, entre les mêmes personnes. Dans toutes deux, une certaine quantité de métal est partagée entre les divers ayants droit, par lots égaux, sauf pour le premier nommé, Dumuq Šamaš, qui reçoit une part double de celle attribuée à chacun des cinq autres copartageants.

La rédaction des deux actes est sensiblement la même, sous réserve de quelques différences, qu'il peut être utile de noter. Tous deux indiquent simplement le fait du partage, la nature et l'importance des lots formés et le lieu où le partage a été fait, sans mentionner la nature de l'indivision à laquelle ils mettent fin. Aux lignes 8 et 9 de H.E. 127, figure une clause qui ne se retrouve pas dans H.E. 109. L'acte constaté que tous les biens, objets de l'indivision, ont été partagés, H.E. 127, constaterait donc la fin des opérations de partage, amorcées dans H.E. 109 par un partage partiel. — Au contraire, une autre clause, qui manque dans H.E. 127, est insérée dans H.E. 109. C'est la renonciation des parties à toute réclamation ultérieure contre le partage qui vient d'être effectué. Cette clause est d'un type habituellement employé dans les ventes de corps certains ².

1. 32ᵉ année du règne d'Hammourabi.
2. Cf. San Nicolò *Schlussklauseln*, p. 44. Voir dans le même ouvrage p. 59, nᵒ 43, pour l'emploi dans les actes de partage des clauses de renonciation habituelles dans les ventes. La clause insérée dans H. E. 109, se retrouve dans un autre acte de partage V. S. XIII 90ª, l. 24 et s.

La nature de la réclamation, à laquelle les parties renoncent par cette clause, nous est indiquée dans d'autres textes plus explicites [1]. Les parties s'interdisent de prétendre qu'un bien faisant partie de la masse indivise, n'a pas été compris dans le partage. L'omission de la renonciation expresse, dans H.E. 127, s'explique par une raison purement matérielle : l'exiguïté de la tablette employée par le scribe. Pour la même raison, il n'a indiqué que pour le premier des copartageants la nature des biens attribués et il a même supprimé la mention habituelle *zittu* = « part » devant le nom des autres parties. La renonciation à toute réclamation ultérieure résulte seulement, dans H.E. 127, du serment prêté par toutes les parties (l. 13-15). Dans H.E. 109, ce serment sanctionne la renonciation. Mais le scribe a omis d'ajouter au verbe *Pad* le suffixe du pluriel *Eš*. Cette omission, assez fréquente, a été étudiée par San Nicolò, à propos du formulaire de la vente [2]. Suivant cet auteur, il y aurait là une omission volontaire, manifestant le caractère unilatéral de la renonciation qui porte sur le droit de revendication du vendeur, au cas du non paiement du prix [3]. Ici, cette explication ne saurait être admise. Les copartageants se trouvant, les uns vis-à-vis des autres, dans la même situation juridique, doivent simultanément renoncer à toute réclamation. L'omission de *Eš* est due à une négligence du scribe, comme l'omission de *Ib-Ra-Meš* après la ligne 36 et l'abréviation excessive de la date que j'ai déjà signalée. Peut-être, la même explication serait-elle possible, pour quelques-uns des textes cités par San Nicolò en matière de vente de corps certains.

Mais, la question la plus importante que posent nos deux textes, au point de vue juridique, est celle de l'origine de l'indivision à laquelle ces partages, mettent fin, et de la double part attribuée à l'un des copartageants. La nature des biens partagés ne nous fournit aucun renseignement utile à cet égard. Dans H.E. 109, le partage porte sur une quantité assez considérable de cuivre, près de 40 kilogrammes, et sur le prix de vente d'une esclave indivise. C'est ainsi, en effet, qu'il faut entendre l'expression *Šám (reš) amti* qui suit l'indication de chaque lot d'argent. Ces mots ne peuvent se rapporter à l'estimation d'une esclave allouée à chaque copartageant. Dans ce cas, le scribe aurait mentionné le nom de ces esclaves pour assurer à leur attributaire un titre de propriété. De plus, le prix de 3 sicles 1/2 qu'indiquent les lignes 4, 7 et 10 serait exceptionnellement bas et sans exemple dans les textes actuellement connus [4]. Au contraire, les 24 sicles 1/2 répartis entre les six indivisaires représentent le

---

1. Cf. par exemple : V. S. VIII 52, H. Ges. IV 787.
2. *Op. cit.*, p. 63 et s.
3. *Op. cit.*, p. 65.
4. Le prix habituel d'un esclave à l'époque d'Hammourabi varie entre 15 et 30 sicles. Le plus bas prix connu, cf. T. D. 133, pour une vente d'enfant en bas âge est supérieur à celui qu'indique notre texte.

prix moyen d'une esclave, à l'époque d'Hammourabi. — Dans H.E. 127 on ne trouve, nous l'avons vu plus haut, qu'une indication très vague sur la nature du bien partagé.

L'existence de l'indivision, à laquelle nos deux textes mettent fin, ne peut guère s'expliquer que par l'une des deux hypothèses suivantes : ou bien les objets partagés constituent les bénéfices et le capital d'une société, les copartageants étant ainsi des associés, ou bien l'indivision résulte d'une succession, à laquelle les copartageants sont appelés comme héritiers. La première opinion me paraît difficilement admissible à raison de l'inégalité des lots qui a été signalée précédemment. Les actes de dissolution de société, qui nous sont parvenus, mentionnent expressément l'égalité des parts[1] et rien ne permettrait d'expliquer pourquoi il serait fait exception à cette règle dans nos deux textes.

C'est donc à la deuxième hypothèse, celle d'un partage successoral, qu'il nous faut recourir pour justifier l'inégalité des lots dans H.E. 109 et 127. Cette inégalité, consistant en l'attribution d'une double part à l'un des cohéritiers, tous les autres recevant des parts égales, ne serait qu'une application du droit d'aînesse. Il est vrai que le Code d'Hammourabi ne parle nulle part d'un droit de primogéniture. Dans ses §§ 167, 170 et 173, il paraît même imposer la règle du partage égal dans la succession en ligne directe. Mais d'assez nombreux textes nous prouvent qu'en pratique était appliqué un droit d'aînesse en matière successorale, en même temps qu'est mise en relief l'autorité du frère aîné sur ses frères et sœurs, en l'absence du père. L'avantage successoral consenti à l'aîné apparaît, dans quelques textes[2], sous la forme d'un préciput prélevé sur la succession, avant qu'il soit procédé au partage égal entre frères. L'importance de ce préciput devait être réglée par la coutume, puisque nous voyons dans les actes d'adoption[3] le fils aîné réserver son droit, sans préciser davantage. Cette coutume variait probablement de ville en ville. Il semble en effet que le préciput ait été plus considérable à Nippur qu'à Larsa[4]. A la place du préciput, un acte de partage, entre trois frères, accorde à l'un d'eux une part égale à celle qui est attribuée en bloc aux deux autres[5]. Il y a tout lieu de croire que le frère ainsi avantagé est le frère aîné. La même interprétation paraît vraisemblable pour un autre texte[6], dans lequel un des copartageants

---

1. Cf. M. 70, II. Ges. III 660, C. T. II 28, H. Ges. III 670, R. 112, H. Ges. III 673. Sur l'égalité des droits et obligations entre associés, cf. Cuq, *Revue d'Assyriologie*, 1916, p. 157.

2. P. 24, 26, 32, 57 H. Ges. IV, 782, 800, 801, 783, C. 2, 115, 133, 146, 169.

3. P. 24 et 27 dans lesquels l'aîné réserve son droit au préciput, M. 94, H. Ges. III, 19 qui réserve simplement la qualité d'aîné sans spécifier un avantage successoral.

4. Comparer P. 26 et 32 avec V. S. XIII 90ª, H. Ges. VI 1439 où, la masse à partager étant de 1 sar 2/3 et 5 portes, le préciput n'est que de 1/18 de sar et une porte.

5. E. G. 70, H. Ges. VI 1440.

6. C. 1. 20, H. Ges. VI 1431.

reçoit double part sans qu'il soit dit que les copartageants soient frères. Ces deux derniers textes offrent donc les mêmes caractères déjà signalés dans H.E. 109 et 127. Ils se rapportent, très probablement, à des opérations identiques, au partage d'une succession en ligne directe. Tous quatre proviennent de la même région, l'un d'Isin [1], le second du royaume de Larsa [2], les deux derniers de Larsa ou de ses environs. Cette forme du droit d'aînesse serait donc localisée dans la Mésopotamie méridionale. Même dans cette région, son application était restreinte, puisque des textes de la même époque et de même provenance nous rapportent des partages entre frères sans mentionner le droit d'aînesse [3], ou accordent à l'aîné un préciput [4]. Le petit nombre et la concision des textes ne permettent pas de discerner la cause de ces différences.

VENTE ET ÉCHANGE DE CORPS CERTAINS

H.E. 112

3 Gan eqlam? paṭ (I) ga-du?...ra-ni	3 *gan* de champ, territoire de......
Uš-Sa-Du pa-ku-ru-um ù ma-nu-ra ?.	voisin de Pakurum et de Manura (?),
lib-bu a-ḫi-ya	aussitôt qu'Ahiya
a-na i-ri-ri	à Iriri
5 a-na pu-uḫ-ti-i [5]-šu ?	pour son échange
i-di-in	lui eut donné,
3 Gan eqlam (am) i-na šu-um-šu (ki)	3 *gan* dans Šumšu
Uš-Sa-Du (I) [6] im-gur (il) adad	voisin d'Imgur Adad
ù li-bi-it ištar	et de Lipit Ištar,
10 iš-ku-uš-šu	[Iriri] [7] lui a fourni
ba-ki-ra-an eqlim	A celui qui revendiquera le champ,
(I) a-ḫi-ya mâr ga-ga-di	Aḫiya, fils de Gagadi;

1. C. 1. 20 daté du règne d'Irra-imitti, roi d'Isin.
2. E. G. 70 daté de la fin du règne de Rim-Sin, roi de Larsa.
3. M. 108, H. Ges. III 49. Mais ce texte peut se rapporter au partage intervenu entre frères puinés, le frère aîné ayant déjà prélevé sa part comme dans E. G. 70 où, le frère avantagé prend son lot, les deux autres frères restant dans l'indivision.
4. V. S. XIII 90ᵃ; C. 2, 115.
5. Allongement irrégulier des voyelles finales.
6. Le clou vertical, qui précède ordinairement le nom des parties, a été omis l. 3 et 4 et est placé ici devant le nom d'un voisin.
7. Le nom du coéchangiste est omis, probablement par erreur du scribe.

i-pa-il [1]	répondra.
ba-ki-ra-an eqlim	A celui qui revendiquera le champ,
15 (1) i-ri-ri mâr	Iriri, fils de
sin-ri-me-ni	Sin-rimeni,
i-ba-il [2]	répondra.
ma-ḫar mu-ḫa-du-um ?.....	Par-devant Muhadum,
(I) nu-úr-ili-šu da ?	Nur-ilišu.....,
20 (I) en-lil-[ra]-bi	Enlil-rabi,
(1) u-bar (il) nin ?-du-ba ?	Ubar-Nin...............,
(I) sin da......... im	Sin...................,
(1) šar-rum-[(il)] adad	Šarrum Adad...........,
(I) i-li...............	Ili...................,
25 ra-ša ?...... mu-ut ?	Raša ?................
(I) pu-ku-lum	Pukulum...............,
(I).................	....
(I) ma ?-ti........	....
(1)........ sag (il) adad	.... sag-Adad.
30 waraḫ duzi um 1 (kam)	Mois de Duzu, 1ᵉ jour,
Mu Inim ana (il) en-lil	l'année où, sur l'ordre d'Anu et d'En-lil,
ḫa-am-mu-ra-<bi> Lugal	le roi Hammourabi
Bàd ma-ri	le mur de Mari
ù ma-al-[gi] [3]	et de Malgi [etc.]

La tablette H.E. 112 offre un aspect très original à raison des nombreuses particularités qu'elle présente au point de vue de l'orthographe, de l'écriture, de la grammaire et du formulaire employé. L'inexpérience du scribe n'est pas douteuse, ou, du moins, son inattention, comme le prouve l'omission d'*Iriri* 10) et de *bi* dans le nom Hammourabi (l. 33). Mais, les particularités de rédaction montrent que le scribe ne se conforme pas aux modèles d'actes habituellement employés. Peut-être, l'acte a-t-il été rédigé dans une bourgade où les règles suivies par les scribes des grandes villes étaient peu connues et

1. Malgré sa forme qui devrait le faire rattacher à un verbe *pa'alu*, *ipail* doit être considéré comme une déformation anormale de *ipâl*, 3ᵉ personne du singulier du parfait du *apâlu*. Cette interprétation est imposée par le sens général de la clause de garantie dans laquelle le verbe *apâlu* est d'un emploi très fréquent et par sa construction avec *pakiranu*. La dissimilation de *á* en *ai* indique peut-être une prononciation dialectale *é*.

2. *Ibail* pour *Ipail*. La similitude des deux mots, malgré la différence d'orthographe, à quatre lignes de distance, est prouvée par la symétrie des deux clauses.

3. 35ᵉ année du règne d'Hammourabi.

mal observées. Les indications topographiques contenues dans les lignes 1 et 8 ne m'ont pas permis de préciser l'origine de la tablette.

En lui-même, l'acte d'échange rapporté dans notre texte ne diffère pas, au point de vue de son contenu juridique, des autres actes de même nature publiés jusqu'à ce jour. Mais il s'en distingue nettement par sa forme. Les actes d'échange de la première dynastie babylonienne sont en général conçus d'après l'un des deux types suivants. Tantôt, et c'est le cas le plus fréquent, l'acte présente un aspect nettement bilatéral. Les prestations des deux parties sont énoncées l'une après l'autre en termes identiques. Tantôt, en particulier dans les actes provenant de Larsa[1], il est établi pour chacune des parties, énonçant la prestation de celle-ci sous une forme développée, tandis que la contre-prestation fournie n'est énoncée que brièvement. Chaque acte considéré en particulier offre ainsi une certaine ressemblance avec un acte de vente. La rédaction de H.E. 112 en fait une sorte d'intermédiaire entre ces deux types. Les prestations des deux parties y sont indiquées sous forme dispositive et le caractère bilatéral de l'acte est mis en lumière par la clause de garantie réciproque d'éviction. Mais, les deux formules qui décrivent les objets échangés, ne sont pas exactement symétriques, la première étant sensiblement plus développée que la seconde. Il semble que notre texte soit inspiré du modèle de Larsa, modifié de façon à n'être pas obligé de rédiger deux actes différents.

La double garantie d'éviction, qui précède l'énumération des témoins offre, en dehors de ses anomalies orthographiques, un intérêt juridique réel. Elle se présente seule, sans être rattachée, comme elle l'est ordinairement dans les ventes et les échanges d'immeubles, à une clause de renonciation ou, tout au moins, au serment des parties[2]. Telle qu'elle est rédigée dans notre texte, la clause de garantie d'éviction permet d'apercevoir la manière dont jouait cette garantie dans l'ancien droit babylonien. La garantie est exprimée par les mots : X (le nom de l'aliénateur) *bakiran eqlim ipail*. Le substantif *bakiranu* se rattache à la racine *baqaru* en néobabylonien *paqâru* dont San Nicoló[3] a déterminé le sens précis : « intenter une action réelle, revendiquer ». *Bakiranu* désigne donc le demandeur dans la revendication. *Apâlu* a pour sens habituel « répondre ». Dans les textes juridiques, il est souvent remplacé par son équivalent sumérien *Ib-Gi-Gi*. Le Code d'Hammourabi § 66, de même qu'un grand nombre de contrats et de lettres, l'emploient très souvent dans le sens dérivé : « fournir un équivalent, indemniser, payer une dette ». C'est ce sens dérivé qu'adopte San Nicolò[4] pour tous les textes où se trouve employé le verbe *apâlu*

---

1. Cf. sur ces deux types d'actes d'échange la note de Koschaker H. Ges. VI, p. 91.

2. Cf. les deux actes d'échange R. 65 H. Ges. III, 451 et M. 46 H. Ges. III, 445 dans lesquels la garantie réciproque d'éviction est formulée plus brièvement que dans H. E. 112.

3. *Op. cit.*, p. 165.

4. *Op. cit.*, p. 150 et s.

dans les clauses de garantie d'éviction. Le garant s'engagerait ainsi à indemniser l'acquéreur, au cas où celui-ci viendrait à être évincé par un tiers.

Cette interprétation ne me paraît pas pouvoir être admise dans notre texte par des raisons grammaticales. Lorsque nous trouvons le verbe *apâlu* employé de façon certaine avec le sens « indemniser, payer » il est toujours construit comme verbe transitif, ayant pour régime soit la chose fournie, soit la personne qui reçoit paiement, parfois même les deux régimes à la fois, comme dans le § 66 du Code d'Hammourabi. Il faudrait donc conclure que dans H. E. 112 l'expression *bakiran apâlu* signifierait que le garant promet d'écarter la menace d'éviction, en désintéressant le revendiquant. Cette opinion a été soutenue par Pœbel [1]. Mais, comme l'a fait remarquer San Nicolò [2], une telle interprétation est inconciliable avec ce que nous savons de la revendication en droit babylonien. Le demandeur qui triomphe dans une action réelle, a le droit d'exiger la chose et non sa valeur. De plus, il n'a d'action que contre le possesseur. C'est celui-ci qui, d'après les §§ 9 et suivants du Code d'Hammourabi, agira ensuite contre son auteur, pour se faire indemniser du dommage que lui aura causé l'éviction. Mais s'il en est ainsi et si l'on conserve pour *apâlu* le sens « payer, indemniser », il faut admettre que, dans notre texte, *pakiran* n'est pas le régime de *ipail*. Dès lors, ce passage ne peut plus être traduit que de la façon suivante . « Il indemnisera <l'acquéreur si> un revendiquant <se présente> ».

Comme on le voit, cette interprétation présente le grave inconvénient d'ajouter au texte ce qu'il ne nous dit pas. Il me paraît préférable d'abandonner une hypothèse aussi hardie, d'autant plus que notre texte présente un sens très plausible, si nous donnons à *apâlu* sa signification habituelle « répondre ». L'aliénateur répondra à tout revendiquant, en ce sens qu'il interviendra en justice aux côtés de l'acquéreur, menacé d'éviction, pour établir, à l'encontre du tiers revendiquant, le bien fondé du droit de propriété qu'il a transmis à son contractant. Le mécanisme de la garantie sera le même que dans la mancipation romaine. Ce n'est que lorsque le garant n'aura pas exécuté son obligation de défendre en justice, lorsque, par conséquent, l'acquéreur aura été évincé, qu'il pourra être actionné en indemnité par celui-ci au moyen de l'*actio auctoritatis* [3]. La ressemblance entre le droit babylonien et le droit romain, à cet égard, est manifestée par ce fait que l'action de l'acquéreur évincé contre son auteur, est une action au multiple du prix, d'après le § 12 du Code d'Hammourabi.

On ne peut tirer aucune objection contre l'hypothèse qui précède, de l'équivalence prouvée par les textes entre *apâlu* et le verbe sumérien *Gi-Gi*. Le signe

1. M. V. A. G. 26, p. 50 et s.
2. *Op. cit.*, p. 152.
3. Cf. Girard, *Manuel de droit romain*, 7e édition, p. 583, n. 2.

Gi, redoublé ou non, a bien le sens de « payer [1], fournir un équivalent [2] », mais, il est employé aussi dans le sens de « répondre à un adversaire, combattre [3] ». Il paraît même vraisemblable d'admettre que ce dernier sens est le plus ancien. Si l'on admettait, au contraire, que la signification fondamentale de *Gi-Gi* était « payer, indemniser », comment expliquer qu'on en ait tiré le sens diamétralement opposé « prendre [4], recevoir [5] ».

D'autre part, on trouve souvent dans les clauses de garantie d'éviction le verbe *nazazu*, ou son équivalent sumérien *Gub* = se tenir, se dresser [6]. *Nazazu* remplace *apâlu* et se construit de la même manière, comme verbe transitif ayant pour régime *pakiranu* [7]. Le sens de cette expression, employée concurremment avec *pakiran apâlu*, paraît être que le garant tiendra tête en justice au revendiquant, « se dressera » devant lui pour défendre le bien fondé du droit transmis au possesseur. Ici encore, on ne peut songer à admettre le sens dérivé : *nazazu* = « être affecté en gage à une créance », puisque le garant n'est nullement le débiteur du tiers demandeur à la revendication.

Il me paraît ressortir de ces quelques indications, que la garantie d'éviction a pour objet principal l'obligation assumée par le garant d'intervenir dans l'instance en éviction, pour faire triompher le défendeur. Ce n'est qu'à titre subsidiaire, et à défaut de l'exécution de l'obligation principale, qu'il sera tenu de payer une indemnité à l'acquéreur évincé.

H. E. 167

.....(d.) ba-u ? (d.) nin-šubur ?	.....Bau, Nin-šubur
.....ù (d.) nin ?-gal ?	.......et Ningal,
.... e... ud 1 ?	..........1 jour
mar-za ib ?-ku ? u-si [li]...	le *marza* d'Ibqu-sili
5 (I) a-ḫu-ša	d'Aḫuša,
(I) ša-ri-ik ?-[tum]	de Šariktum,
ù ka-lu-mu-[ša]	et de Kalumuša,
ki ib ?-ku ?-u-si-li	à Ibqu sili,
.......ka-lu-mu-ša	..à Kalumuša,
10 ....ša-ri-ik-tum	..........Šariktum.

1. *târu*, Brünnow, 6331, 6336.

2. *šanânu*, Brünnow, 6329, 6336.

3. *nakâru* = être hostile, Brünnow, 6320, 6336 ; *šabaṭu* = frapper, Brünnow, 6327, 6336 ; *daḫu* = renverser, Brünnow, 6309.

4. *ekêmu*, Brünnow 6310

5. *maḫâru*, Brünnow 6316

6. Voir les nombreux exemples de cet emploi dans San Nicolò, *op. cit.*, p. 146-149.

7. Cf. par exemple V. S. XIII 75a.

(I) a-ḫu-ša	Aḫusa
in-ši-šam	a acheté.
1/2 gìn kù-babbar	1/2 sicle d'argent,
šim til-la-ni-šu in-na-an-lal	son prix total il a payé.
15 ka-gàl-la mar-za	Contre une revendication du *marza*
in-na-gub-bu	il se dressera [1].
ukur-šu inim-ma nu-gà-gà	Á l'avenir, il ne fera pas de réclama-tion.
mu lugal-bi in-pad	Par le nom du roi, il a juré.
igi (d.) ištar (d.) nin.......	Par devant Ištar-Nin,
20 (I) nam-ti-nig-ba-a-ni ra-gab	Namtinigbani, le courrier,
(I) gi-mil ili	Gimil-Ili
(I) sin-ri-me-ni ni-gab	Si-rimeni, le portier.
itu aš-a ud 6 (kam)	Mois de šabat, 6e jour
mu i-lu-ni lugal [2]	L'année d'Iluni roi.

Les difficultés d'interprétation que présente la tablette H. E. 167 ne se rapportent nullement à son contenu juridique. Nous sommes ici en présence d'une vente de corps certain, comprenant toutes les clauses habituelles, énonciation du prix et constatation du paiement, garantie d'éviction, renonciation à toute réclamation ultérieure, serment. La garantie d'éviction est formulée en termes différents de ceux que nous avons rencontrés dans la tablette H. E. 112. Mais la portée de la clause reste la même. Le vendeur se tiendra (*Gub* = *nazazu*), contre toute revendication menaçant l'acheteur, et par conséquent interviendra dans l'instance pour faire rejeter la demande. La clause de renonciation est d'un type très fréquent [3]. Elle est unilatérale, ayant pour sujet le vendeur, qui s'interdit de contester l'existence, ou la validité de la vente, et de chercher à reprendre le bien aliéné, par exemple, en niant que le prix ait été payé [4]. Le serment est également prêté par le vendeur seul.

Il est, au contraire, très malaisé, par suite des lacunes que présente la face antérieure de la tablette, de déterminer quelles sont les personnes qui prennent

---

1. Le sujet de ce verbe et celui du verbe suivant (*Gà-Gà*) ne peut être que le nom du vendeur et non celui du verbe précédent *Lal*.

2. Cette formule se rapporte à la première année du règne d'un roi nommé Iluni, qui ne figure ni sur les listes de la première dynastie babylonienne, ni sur celle des rois de Larsa. Néanmoins, d'après le style et l'écriture de la tablette, il paraît vraisemblable de considérer ce texte comme contemporain des autres tablettes contenues dans la présente publication.

3. Clause désignée par la lettre A dans San Nicolò, *op. cit.*, p. 44.

4. Omission des mots *Lù-Lù-Ra*, fréquente en Babylonie méridionale ; cf. San Nicolò, *op. cit.*, p. 47 et 69 et s.

part à la vente. Il semble que l'objet vendu appartienne aux quatres personnes nommées aux lignes 4-7. L'une d'entre elles, Aḫuša, achèterait aux trois autres leur part sur le bien indivis. Je crois en effet, malgré la mutilation de la tablette, qu'on peut reconnaître dans les lignes 8, 9 et 10 les noms qui se trouvent aux lignes 4, 6 et 7. La vente serait donc une licitation entre copropriétaires, pour mettre fin à l'indivision.

L'objet de la vente est désigné dans notre texte par le terme sumérien *Marza*. Ce mot, que l'on rencontre dans quelques textes[1], n'a point ici le sens « décret, ordre » que lui attribuent les syllabaires[2]. Son équivalent sémitique est inconnu et sa lecture sumérienne est parfois remplacée par l'idéogramme *PA. AN*[3]. Il désigne un office sacerdotal, dont les fonctions précises ne peuvent être déterminés à l'heure actuelle[4]. Les noms divins que l'on aperçoit dans les deux premières lignes, très mutilées, sont ceux des dieux dans les temples desquels s'exerçait l'office vendu. Le signe *ud*, à la troisième ligne, permet de conjecturer la présence, dans notre texte, de la clause habituelle indiquant pendant combien de jours, chaque année, le titulaire de l'office vendu devait remplir sa charge. De nombreux documents[5] ont déjà fait connaître l'extrême division qu'avaient subie les offices sacerdotaux à l'époque de la première dynastie babylonienne. Les nombreux titulaires d'un même office exerçaient leurs fonctions à tour de rôle, pendant un certain nombre de mois, ou de jours, chaque année. Dans notre texte, la modicité du prix résulte probablement du petit nombre de jours durant lesquels le titulaire restera en fonctions.

H. E. 201

.........sar (giš) Sar Kù-Bi 2 1/3 šiqil	.........[x] sar de jardin, valeur 2 sicles 1/3,
.......6 sar Kù-Bi 11 2/3[6] šiqil	........5 sar, valeur 11 sicles 2/3 ;
.....[Uš].Sa-Du wa-a-a-a-ḫa-a	........à côté de Waay-aḫay

1. C. 2. 255, l. 1, 264, l. 11 et 25, M. 98, l. 2 et 22.
2. Brünnow 5836 (*Mar-za = parṣu*).
3. C. 2. 182, l. 10.
4. Cf. sur les quelques précisions qu'on peut tirer des textes C. 2, p. 170. Il faut noter que les trois autres textes qui mentionnent cette fonction sacerdotale proviennent comme H. E. 167 de la région de Larsa, cf. également B.I.N. II 75.
5. P. 7, 36, C. 1, 15, E. G. 35, C. 2. 146, 178, 182.
6. Le trait vertical intérieur du signe 2/3 paraît surajouté sur la tablette qui devait porter originairement le signe 1/3. Si sa forme actuelle était authentique, il faudrait admettre que le scribe a commis une erreur en indiquant comme total à la ligne 14 le chiffre de 13 sicles 2/3 au lieu de 14 sicles.

.....[Uš]-Sa-Du sa-ni-kum Uḫ-Me (il)-šamaš ?	........à côté de Sanikum le *pašišu* de Samaš,
5 ..[Sag]-Bi 1 (kam-ma) Ṣil (il)-sin-i.....	sa première face, la rue de Sin-i....
..[Sag]-Bi 2 (kam-ma) eqil ? (il) šamaš	sa deuxième face le champ de Šamaš
.....ud? ù (giš) Sar (il) amurru-mu-ba-lì-it	........et le jardin d'Amurru-mu-balliṭ
ù ? li bi-it (il) ištar Šeš-A-Ni	et de Lipit-Ištar, son frère.
Ki (il.) amurru-mu-[ba-li-iṭ]	à Amurru-muballiṭ
10 ú li-bi-it (il)-ištar	et à Lipit-Ištar
ni-di-tam ù (giš) Sar	la friche et le jardin,
(I) u-bar (il) šamaš In-Ši-Šam	Ubar-Šamaš a acheté.
Šam Til-La-Ni-[Šu]	Son prix total,
13 2/3 šiqil kaspi	13 sicles 2/3 d'argent,
15 In-Na-An-[Lal]	il a payé.
Ukur-Šu Ud-Nu-Me-[En]	A l'avenir, jamais
Inim........Nu-Gà-Gà	une réclamation........il n'élèvera.
(I) (il) amurru mu-ba-[li-iṭ]	Amurru-muballiṭ
ù li-bi-it (il) ištar	et Lipit Ištar
20 di-ni-tum¹ ù ?	« La friche et
(giš) Sar-Mu Nu-Ub-Bi....	le jardin sont à moi » ne diront.
maḫar ta-ri-bu-um....	Par devant Taribum,
maḫar ì-lí-tu-ra-am....	par devant Ili-turâm,
maḫar (il) sin im-gur-ra	par devant Sin-imgurra
25 mar na-bi-[um ?]	fils de Nabium,
..........ip........	
.....(il.) sin ša..........ma	..........Sin ša.....ma
mar........bi (il) sin	fils de.....bi Sin
..........ba-lu-ut Dup-Sar	........baluṭ le scribe
30 ....ni-du-tim	........nidutim
..........ud Ki-ma ìlí-ya	........Kima-iliya
....	....
......sar-ti.....a-a	....
................a	....
35 .... ì-si-in (ki)	.... la ville d'Isin
..........Dib-Ba-A ²	.... il a pris.

1. Transposition fautive des deux premiers signes.
2. Malgré la mutilation de la tablette la formule de l'année paraît devoir être rattachée au règne de Rim Sin et aux années de ce règne qui sont désignées par la référence à la prise d'Isin. Un acte identique (vente de verger dattier) passé entre les mêmes parties et

3

La vente de jardins et de terrains incultes, rapportée par H. E. 201, n'offre au point de vue juridique aucune particularité notable. Dans sa rédaction, on peut remarquer la clause de renonciation à toute contestation ultérieure, dans laquelle se combinent la clause habituelle dans les actes de vente (clause A de San Nicolò) et la clause particulière de la région de Larsa (clause E de San Nicolò). L'absence de serment, n'est peut-être pas intentionnelle et semble être l'effet d'une omission involontaire. En effet, le serment est mentionné de façon expresse dans V. S. XIII 87a, contrat identique à H. E. 201 et passé entre les mêmes parties.

H. E. 103

a-na ì-lí-i-din-nam	A Ili-idinnam
ki-bì-ma	parle
um-ma (il) sin ga-mil ?-ma	Sin-gamil : «
(il) šamaš li-ba-al-li-iṭ-ka	Que Šamaš te fasse vivre.
5 aš-šum eqlim (li-im)	Au sujet du champ,
ša ta-aš-pu-ra-am	pour lequel tu m'écris,
a-na larsa (ki) a-na zi-ri-ka	à Larsa, auprès de toi
ša ki-i-ma al [1] ?-mu-ru	ainsi que je.......
i-ša-ri-iš a-pa-al-la	selon le droit je répondrai.

J'ai cru devoir reproduire cette tablette dans le présent recueil, malgré son extrême concision et l'obscurité de l'avant-dernière ligne, parce qu'elle paraît se rapporter à la question de la garantie d'éviction dans les aliénations immobilières. L'emploi du verbe *apâlu* que nous avons déjà rencontré dans H. E. 112 comme expression technique de la garantie d'éviction, la mention d'un champ à la ligne 5 semblent se rapporter à un appel en garantie que fait à son auteur le possesseur menacé d'éviction.

H. E. 142

1/2 ma-na kaspi	1/2 mine d'argent

en présence de quelques-uns des témoins qui figurent dans H E. 201 est daté de la 49e année du règne de Rim-Sin, V. S. XIII 87a, H. Ges. VI 1622.

1. Tel qu'il est écrit ce signe ne peut être lu que *al* ou, à l'extrême rigueur, *e*. Aucune de ces deux lectures ne permet d'obtenir un sens satisfaisant, à moins de supposer que *e* est mis là pour *a*, ce qui rattacherait le mot à la racine *amâru*.

a-na amti ù (reš) ardi — pour une servante et un esclave,
ša-mi-im — achat
ša ši-ip (il) sin — de Šep-Sin
5 Ki ì-li-i-ki-ša-am mar ì-lí i-din-nam — à Ili-ikišam fils d'Ili-idinnam.
a-na warḫi 1 (kam) umi 30 (kam) — Le premier mois, le trentième jour,
amtam ù ardam u-ub-ba-lam — la servante et l'esclave il amènera
a-na tab-bi-il-a-tim — Pour les déboursés,
kaspam ša e-li-'i — <soit> l'argent que, en sus
10 Šám amti ù ardi — du prix de la servante et de l'esclave
i-di ¹-ir-u — il aura payé,
(I) ši-ip (il) sin — Šep-Sin
i-ta-ap-pa-al-šu — lui remboursera
maḫar ì-lí-i-ki-ša-am ² — Par devant Ili-ikišam,
15 (I) šu-mi a-ḫi-ya — Šumi-aḫiya,
(I) (il) sin-a-ḫi-i-din-nam — Sin-aḫi-idinnam,
(I) ê-a-ra-bi — Ea-rabi
waraḫ waraḫsamni um 21 — Mois de waraḫsamna, 21ᵉ jour,
Mu Gu-Za Bara-Ge ³ — l'année où le trône de la puissance
<etc.>.

A première vue, la tablette H. E. 142, correctement écrite et très bien conservée, ne paraît présenter aucune difficulté particulière d'interprétation. Elle se rapporte à un achat d'esclaves, que le vendeur s'engage à livrer à l'acheteur, dans le délai d'un mois. De son côté, l'acheteur promet de rembourser au vendeur les dépenses qu'il aura faites. Ces dépenses sont, vraisemblablement, les frais d'entretien et de voyage des deux esclaves jusqu'au moment de leur délivrance. L'acheteur est Šep Sin, le grand négociant de Larsa, dont l'activité commerciale pendant les règnes d'Hammourabi et de Samsuiluna est prouvée par de nombreux textes et que nous retrouverons à maintes reprises dans la suite de ce recueil. De ces quelques indications, on pourrait déduire que l'acheteur était tenu, dans la vente babylonienne, de venir prendre livraison puisqu'il faut une stipulation spéciale, une sorte de mandat adjoint à la vente, pour mettre à la charge du vendeur l'obligation de conduire les esclaves chez l'acheteur, à Larsa. Mais cette hypothèse est contredite par un texte depuis long temps connu et étudié, M. 4, qui se rapporte à une opération analogue à celle constatée dans H. E. 142. Il s'agit toujours d'un achat d'esclaves fait sur

---

1. *di* écrit pour *ti*.
2. Malgré l'homonymie, ce personnage, figurant dans l'acte comme témoin doit être distingué de Ili-ikišam fils de Ili-idinnam qui est mentionné, l. 5, comme partie dans l'acte.
3. 5ᵉ année du règne de Samsuiluna.

un marché éloigné et que le vendeur s'engage à livrer à l'acheteur, dans un délai de 30 jours. Mais, dans M. 4, il n'est pas question de rembourser au vendeur, en sus du prix, les frais occasionnés par le voyage des esclaves. D'ailleurs, malgré les ressemblances qu'on peut relever entre ces deux textes, les opérations ne sont pas identiques. Dans M. 4, l'acheteur est un fonctionnaire, qui agit probablement pour le compte du palais. Au contraire, dans H. E. 142, Šep Sin ne prend aucune qualité officielle et nous ne trouvons, dans les textes parlant de ce personnage et contemporains du nôtre, aucune indication permettant de croire qu'il ait été, à cette époque, fonctionnaire public. De plus, dans M. 4, le prix a été payé avant la livraison des esclaves. Rien ne prouve qu'il en ait été de même dans H. E. 142. Au contraire, la rédaction des lignes 8-13 permet plutôt de penser que le prix sera payé lors de la livraison, en même temps que Šep Sin remboursera à Ili-ikišam les frais dont il a fait l'avance.

Notre texte n'a pas seulement pour objet de constater la convention particulière, intervenue entre vendeur et acheteur au sujet de la livraison. La mention du prix, à la première ligne de l'acte, ne saurait être une énonciation inutile, sans intérêt dans l'ensemble du texte. L'extrême concision des formulaires babyloniens, la coutume de placer en tête des tablettes les mentions les plus importantes, font supposer que l'indication du prix joue un rôle dans l'ensemble de l'acte. Elle ne peut se rapporter à la responsabilité du vendeur, au cas de non livraison. Cette responsabilité, sanctionnée par la restitution du prix, est introduite dans M. 4 par une clause expresse, qui manque dans H. E. 142. De plus, la restitution du prix suppose que l'acheteur a payé d'avance, ce qui ne paraît pas être le cas dans notre texte. Je suis donc amené à penser que l'indication du montant du prix a pour effet de constater la créance du prix dû par Šep Sin, et qui sera payé lors de la livraison. On peut supposer que la vente des esclaves aurait été constatée par un acte distinct, que nous ne possédons pas, et qui aurait été rédigé, comme la plupart des ventes d'esclaves, suivant le formulaire ordinaire des ventes de corps certains. Cette vente étant faite à crédit, la créance du prix aurait été constatée par un acte distinct, une reconnaissance de dette (ḫišu) suivant une pratique depuis longtemps mise en lumière par M. Cuq [1].

Une autre conjecture permettrait d'interpréter différemment les premières lignes de H. E. 142. Au lieu d'y voir, comme dans l'hypothèse précédente, la référence à un acte de vente porté sur une tablette distincte, on pourrait les considérer comme constituant l'acte de vente lui-même. Il est vrai qu'elles ne contiennent pas les clauses habituelles dans les ventes d'esclaves, noms des

---

1. Cf. sur le sens de ḫišu, Thureau-Dangin *Revue d'Assyriologie*, VII, p. 125, n. 1, et sur l'emploi du ḫišu dans la vente babylonienne, Cuq, *Revue d'Assyriologie*, VII, p. 135-136, et N. R. H. 34, p. 478.

esclaves vendus, garantie d'éviction et des vices cachés, serment. Mais on peut admettre que, dans H. E. 142, comme dans M. 4, la vente d'esclaves est considérée comme ayant pour objet des choses de genre. Šep-Sin achète des esclaves dans un pays éloigné de Larsa, puisqu'un délai d'un mois est prévu pour leur livraison et que leur voyage entraînera des frais assez importants pour être l'objet de stipulations spéciales. Ces esclaves ne sont pas connus de Šep-Sin et ne seront identifiés qu'au moment de leur livraison par le vendeur. Dès lors il n'y a plus de raison pour ne pas employer le formulaire usuel dans les ventes de choses fongibles. Or, ce formulaire est sensiblement le même que celui des lignes 1-5 de notre texte. Dans cette hypothèse, il faut admettre que notre acte ne fait pas naître *ipso facto* à la charge de Šep-Sin l'obligation de payer le prix. Sans discuter ici la question de la nature contractuelle de la vente babylonienne, je crois que, d'après l'ensemble du texte, le prix ne serait exigible qu'au moment de la livraison. Quant à l'obligation de livrer, que le contrat mettrait à la charge du vendeur, elle me paraît exclue par analogie avec M. 4, où la seule sanction de la non livraison est la restitution du prix, quand il est payé d'avance.

BAIL ET LOUAGE DE SERVICE

H. E. 132

Ê ib-ni (il) marduk	La maison d'Ibni-Marduk
Ki ib-ni (il) marduk	d'Ibni-Marduk
Lugal Ê-E-Ge	propriétaire de la maison
(I) a-hi-iš......	Aḫi-iš........
5 a-na Ka-Sar....	moyennant un loyer.....
a-na šattim 1 (kam)	pour un an
Íb-Ta-Ê-A	a reçu à bail.
Ka-Sar šattim 1 (kam)	Loyer d'une année :
1/2 šiqlim (lim) 15 Še kaspi	1/2 sicle 15 grains d'argent,
10 Ì-Lal-E	il paiera.
maḫar i-di-šar-rum	Par devant Idi-šarrum,
maḫar [1] samaš-i-lí-šu	par devant Šamaš-ilišu.
waraḫ aiari um 15 (kam)	Mois d'ayar, 15ᵉ jour,

1. Le scribe a omis le déterminatif des noms divins devant le signe *ud*.

Mu sa-am-su-i-lu-na [Lugal-E]   l'année où le roi Samsuiluna.
. . . . [1]   . . . .

Cet acte de bail ne présente aucune particularité notable, ni au point de vue de son formulaire, ni au point de vue de son contenu juridique. L'acte est rédigé au moment où le locataire entre en jouissance. Le loyer sera payé à l'expiration du bail. La nature contractuelle du bail à ferme ou à loyer en droit babylonien, n'est pas discutée, au contraire de celle de la vente. Il est même probable que le bail est un contrat consensuel et que l'entrée en jouissance du preneur, non plus que le paiement du loyer, ne sont nécessaires pour que la convention engendre des obligations juridiquement efficaces. C'est, du moins, la conclusion qu'on peut déduire de textes comme W. 9 H. Ges. VI 1669, dans lesquels il est expressément indiqué que l'entrée en jouissance et le paiement des loyers auront lieu postérieurement à la rédaction de l'acte. Dans ce dernier texte, la présence des témoins et l'apposition des sceaux prouvent que la convention qu'il contient est considérée comme ayant une efficacité juridique.

H. E. 202

a-na ri-iš warḫi [2]   Au commencement du mois
ni-ku? ta-ad-na-tum [3]   . . . .
(I) a-bil-ša-. . . . . -ili ?   Abil-ša. . . . ili
u-ul u-ra. . . . . . .   n'a pas. . . . . .
5 . . . .
   . . . .
1 1/3 šiqlim kaspi   1 sicle 1/3 d'argent,
Ka-Ser-Ê   loyer de la maison,
Í-Lal-E   il paiera.
10 maḫar ib-ni- (il)-amurru   Par devant Ibni-Amurru,
   maḫar da-an- (il)-amurru   par devant Dân-Amurru.
   waraḫ abi um 10 ?   Mois de ab, 10e jour,
   Mu sa-am-su-i-lu-na   l'année où Samsuiluna
   . . . . [4]   . . . .

1. La dernière ligne, mutilée et mal écrite, ne permet pas d'identifier la formule de l'année.

2. Le dernier signe, à demi écrasé, pourrait aussi être lu *Kù*.

3. Peut-être même sens que *tadnintum* = cautionnement ; cf. V. S. IX 8, 1. 10, Schorr, U. A. R, n° 75a, H. Ges. IV 1073.

4. La dernière ligne est trop peu lisible pour qu'on puisse préciser la date du texte.

J'ai cru devoir classer ce texte sous la rubrique « Bail » à raison des lignes
7-9 qui parlent d'un louage de maison. Mais les quelques mots, restés lisibles
sur la face de la tablette, paraissent se rapporter à une autre opération, dépôt
ou cautionnement.

H. E. 193

eqlam (am) ma-la ba-šu ?-[u]	Un champ dans sa totalité
lib (giš) Sar	dans le jardin
eqlim li-wi-ir-riš-tum	du domaine de Liwir-rištum
Ki li-wi-ir-riš-tum	de Liwir-rištum,
5 belit eqlim ga ? lu ?	la propriétaire.....
(il.) šamaš li-ib-lu-ut	Šamaš-libluṭ
Nam ir-ri-tim [1] Nam Še (giš) Ia	pour la culture du sésame
Nam Igi 4 Gàl-La.....	moyennant 1/4.......
1b-Ta-È	a reçu à bail.
10 eqlam (am) i-ra-ap-pi ?-iq	Il bêchera le champ
1/2 Še (giš) Ia i-na Gur (il) šin?...	1/2 gur de sésame à la mesure de Sin.
(I) li-[wi-ir]-riš-tum ?	Liwir-rištum
i.................	....
maḫar ili ga ?-mil ?	Par devant Ili-gamil,
15 maḫar [2]	par devant
waraḫ duzi um 10 ?	Mois de duzu, 10e jour.
Mu sa-am-su-i-[lu-na]	L'année ou Samsuiluna
Nig-Babbar-Ra.......	le resplendissant......
Me-Te-A-Ki-Tum [3].....	ornement du.........

H. E. 193 nous offre un exemple de bail à colonat partiaire, dans lequel la part
du propriétaire est particulièrement restreinte, 1/4 de la récolte, au lieu de 1/2
ou 1/3 qui sont les chiffres habituels [4]. Peut-être, ce taux s'explique-t-il par le
travail particulier imposé au colon par la l. 10 de notre texte, qui met à sa
charge un véritable défrichement ou, tout au moins, la remise en état d'un
champ négligé [5]. La ligne 13 étant illisible, on ne peut savoir si elle stipulait

---

1. Omission par le scribe du signe *šu* entre *ri* et *tim*.
2. Le nom du second témoin n'est pas écrit.
3. 27e année du règne de Samsuiluna.
4. On trouve le taux de 1/4 pour le propriétaire stipulé dans T. D. 141, H. Ges., V 1184,
où il s'agit aussi de la culture du sésame, et dans C. 1. 31, H. Ges. VI 1714.
5. Le verbe *rapâqu* désigne le travail à la bêche. Mais l'expression peut s'entendre, non

une prestation, par exemples la fourniture de semences, à la charge de Liwir-ristum ou si, au contraire, la propriétaire prélevait une certaine quantité de sésame avant qu'il fût procédé au partage.

H. E. 221

(I) da-mi-iq-(il)-marduk	De Damiq Marduk,
Ki (il) šamaš-na-ṣi-ir a-ḫi-šu	à Šamaš naṣir, son frère,
(I) ib-bi-ilabrat	Ibbi-Ilabrat
In-[Ku] Šu	a loué les services.
5 a-na warḫi 2 (kam)	Pour deux mois
1.240 Gur Ka-Lum	1 gur 240 qa de dattes
i-na (giš) Bar (il) marduk	suivant la mesure de Marduk
Kar (al.) am-ka-si ? (ki)	au quai de la ville de ………
Ì-Ram-E	il mesurera.
10 maḫar e-a-ilabrat	Par devant Ea Ilabrat
waraḫ tašriti um 1 (kam)	Mois de tešrit 1e jour.
Mu sa-am-su-i-lu-na	L'année où Samsuiluna
Lugal-E Á Ág-Gà	le roi, conformément à l'oracle
(il.) èn-lil-li	d'Enlil
15 (il) marduk….. na….	<et> de Marduk……..
ba-ni-šu ša [1]	son créateur ?

La tablette H. E. 221 doit être rapprochée de V. S. VII 83 (H. Ges. III 558) qui rapporte un contrat identique. C'est un louage de services conclu entre l'employeur et le frère du travailleur dont les services sont loués. Le frère joue ici le rôle de tuteur, en l'absence du père, vis-à-vis de son frère, probablement plus jeune. Dans V. S. VII 83 l. 13-15 on voit en effet que le salaire est acquis au travailleur loué, et non à son frère. Nous avons donc là une opération nettement différente de celle constatée dans de nombreux textes, où le contrat est conclu entre l'employeur et le père de l'employé. Dans ce dernier cas, le père agit en vertu de sa puissance paternelle, qui lui confère une sorte de propriété sur ses enfants. Il touchera le salaire pour son propre compte, de même qu'il acquiert le prix de l'enfant, quand il le vend.

seulement du champ lui-même, mais de la réfection des fossés, indispensable dans un pays où l'irrigation présente une importance vitale, comme en Mésopotamie. Voir une stipulation identique dans R. 23, H. Ges. III 659.

1. Les premières lignes de la formule de l'année sont identiques à celle de la 28e année de Samsuiluna.

DONATION

H. E. 107 (cf. Scheil, *R. A.*, XV, p. 63 et s.)

a-na a-wi-lim ša (il) nin-tu ù (il)
  pap-nigin-gar-ra u-ba-al-la-tu-šu
ki-bi-ma
um-ma mar-ir-ṣi-tim-ma
(il) nin-tu ù (il) pap-nigin-gar-ra
  a-na da-ri-a-tim li-ba-al-li-tu-ka
5 (I) i-bi-ilabrat (reš) ardi a-na (il)
  šamaš ad-di-nu-šu
ga-du .ba-at
a-na a-na pa-ni (il) sin ta-di-ni i-na
  ga-a. . . . .
ad-di-na-aš-šu-ma at-tar-da-aš-šu
(I) še-ip (il) sin Uḫ-Me (il) šamaš pu-
  ur-šu-mi
10 li-ta-ra-ni-iq-qu-ma
šanga (il) šamaš ù Uḫ-Me i-na ki-
  za-li
ša (il) šamaš pu-uḫ-ḫi-ir-ma

(I) i-bi-ilabrat (reš) ardi ša a-na (il)
  šamaš

ad-di-nu a-na še-ip (il) sin Uḫ-Me
  (il) šamaš pi-i-kis-su-ma
15 Pad ša a-na(il) šamaš it-ta-na-ab-ba-
  lam
li-di-in-ma a-na ê-habbar-ri li-še-li-
  ma
li-ik-ru-ba-am am-ra-ma
a-ša-ar ma-ar-zu la i-ša-ka-aš šu [1]

A Awilum que. Nin-tu et Pap-nigin-
garra font vivre
parle
Mâr-irṣitim : «
Que Nin-tu et Pap-nigin-garra éter-
nellement te fassent vivre.
Ibi-Ilabrat comme esclave, j'ai donné
à Šamaš
. . . .
A Ana-pani-Sin-tadini, dans . . . . . .
je l'ai remis et envoyé.
Que Šep-Sin, le *pašišu* de Šamaš,
l'ancien
te le présente
Les prêtres de Šamaš et les *pašišu*
dans la cour
de Šamaš, rassemble

Ibi-Ilabrat l'esclave qu'à Šamaš

j'ai donné, à Šep-Sin le *pašišu* de
Šamaš confie-le
<afin que> les offrandes qu'il appor-
tera à Šamas
il remette et en fasse oblation dans
l'Ê-Babbar

Dans une mauvaise place qu'on ne le
relègue pas.

---

1. La lecture de cette ligne, légèrement différente de celle donnée par le P. V. Scheil, a
été proposée par M. Dossin.

šum-ma aḫ kit-ti ta-ra-a-am	Si tu aimes le parti de la justice,

20 aš-šum-ya a-na bît (il) šamaš e-ru-
    ub
	à cause de moi il entrera dans le
	    temple de Šamaš;

(il) šamaš šu-u ba-la-at-ka li-iq-
    [bi]
	<Alors> Šamas lui-même ordon-
	    nera que tu vives.

On ne saurait voir dans H. E. 107 un acte juridique proprement dit, mais seulement une lettre dans laquelle le destinataire est supplié de prêter ses bons offices pour faire agréer par le corps sacerdotal la donation d'un esclave, et pour faire assigner à celui-ci dans le temple un emploi convenable. Il n'entre pas dans le plan du présent travail d'étudier l'intérêt que présente notre texte au point de vue du recrutement des employés inférieurs des temples. — En ce qui concerne la donation elle-même, elle devait être faite par mandataire puisque le disposant, Mâr-irṣitim, ne réside point à Larsa au moment où la lettre est écrite. Le texte est muet sur le caractère de la donation, offrande propitiatoire ou exécution d'un vœu antérieur. Deux personnages mentionnés dans H. E. 107, se retrouvent plusieurs fois dans d'autres textes du présent recueil. C'est d'abord Šep-Sin qui semble bien être le même que le grand négociant de Larsa déjà rencontré dans H. E. 142. Le cumul de son négoce et de fonctions sacerdotales n'a rien de surprenant, celles-ci étant constituées en offices vénaux et ayant le caractère de biens patrimoniaux. — Le destinataire de la lettre est désigné par le mot *awilum*, de même que dans la tablette H. E. 122. Suivant le P. V. Scheil qui a, le premier, édité ces deux textes ce mot doit être considéré comme un nom propre. Awilum aurait été un haut fonctionnaire de Larsa. Au contraire Lautner[1] suppose que *awilum* est un nom de fonction publique, comportant des attributions judiciaires. Walther[2] admet que, dans bien des cas, ce terme placé seul dans l'adresse d'une lettre indique plutôt le rang social du destinataire. Ce serait une appellation honorifique qui ne serait pas spéciale à une charge publique déterminée. Sans exclure absolument l'interprétation de Walther, il me paraît plus plausible d'adopter l'interprétation du P. V. Scheil. H. E. 107 est une lettre privée dans laquelle le destinataire est sollicité d'user de son influence personnelle au profit de son correspondant. Il semble peu probable qu'en pareil cas l'adresse n'ait comporté qu'une indication de fonction, sans indiquer le nom du fonctionnaire sans même préciser la circonscription dans laquelle il exerce son emploi. Il est d'ailleurs possible que *awilum* soit ici un nom propre abrégé, le nom complet étant formé de *awil* et d'un nom divin. C'est ainsi que dans une tablette inédite de la collection

---

1. *Die richterliche Entscheidung*, p. 75, n. 224.
2. *Altbabylonisches Gerichtswesen*, p. 67 et s.

de l'École des Hautes-Études, H. E. 108, un personnage désigné à la ligne 12 par le nom *Awil-Nabium* est appelé simplement *Awilum* à la ligne 14.

VENTES DE MARCHANDISES

H. E. 111 (cf. Scheil, *Revue d'Assyriologie*, XV, p. 190 et s.)

8 Gù šipati Sig......kaspi
Ki-Lam 1 Gù-E 7 1/2 šiqlim
Kù-Bi 1 ma-na
ša i-na ê-ka-si-ga ša-li-tum Ki-Ta
   im-ḫu-ru

8 talents de laine fine pour (?) argent,
taux : 7 sicles 1/2 pour 1 talent,
son prix : 1 mine
que, dans Ekasiga Šalitum a reçus.

---

5 Ḫa-Zun A-Ab-Ba Ki-Lam a-ḫi-e
Kù-Bi 1/2 ma-na 3 šiqlim
ša i-na ga-ti (il) marduk mu-ša-lim
   Pa-Mar-Tu im-ḫu-ru
Ḫa-Zun A-Ab-Ba Ki-Lam a-ḫi-e

Poissons de mer à des taux variés
leur prix : 1/2 mine 3 sicles
que, des mains de Marduk-mušalim,
   le *Pa-Martu* il a reçus
Poissons de mer à des taux variés

   Kù-Bi 1/2 ma-na 3 šiqlim
10 ša i-na ga-ti a-na (il) sin ta-ki-il Pa
   Mar-Tu im-ḫu-ru

leur prix : 1/2 mine 3 sicles,
que des mains d'Ana-Sin-Takil
   le *Pa-Martu* il a reçus

---

101. 100 Gur Ka-Lum 2 Gur-Ta

Kù-Bi 5/6 ma-na 2/3 šiqlim

101 Gur 100 qa de dattes à 2 Gur
   <pour un sicle>
leur prix : 5/6 de mine 2/3 de sicle

1.100 Gur Sum-Sar

160 Sum-El-Lum-Sar
15 40 Za-Ḫa-Tin-Sar

1 Gur 100 qa d'oignons <ordi-
   naires>,
160 qa d'oignons clairs,
48 qa de *Zaḫatin*

2 Gur Sum-Sar Sum-El-Lum-Sar Za-Ḫa-tin	<Total> 2 gur d'oignons <ordinaires>, d'oignons clairs et de *Zaḫatin*,
Ki-Lam 180 Ta	taux : 180 qa <pour un sicle>,
Kù-Bi 3 1/3 šiqlim	leur prix : 3 sicles 1/3,
ša i-na-ga-ti ku-ṣur (il) marduk ⌊ša-li⌋-tum im-ḫu-ru	que. des mains de Kuṣur Marduk, Šalitum a reçus

20 Šam ša 3 ma-na kaspi	Achat à concurrence de 3 mines d'argent
Ki Ê-Gal	au palais
(I) še-ip (il) sin mar (il) šamaš-mu-ba-lí-iṭ	<que> Šep Sin fils de Šamaš-mubaliṭ
dam-gar larsa (ki)	négociant à Larsa,
Nig-Šu (il) marduk na-ṣi-ir mar šakkanaki	affaire relevant de Marduk naṣir fils du *šakkanak*
25 Šu-Ba-An-Ti	a pris
Ud (um) Ê-gal i-ir-ri-šu-šu	Le jour où le palais le lui demandera
kaspam I-Lal-E	il paiera l'argent
waraḫ simani um 30 (kam)	Mois de sivan, 30e jour,
Mu sa-am-su-i-lu-na Lugal-E	l'année où le roi Samsuiluna
30 Gu-Za Bara (il) nannar Dingir Sag-Du-Ga-Ni-Ra	le trône du sanctuaire de Nannar son dieu créateur
Mu-Un-Na-An-Dim-Ma [1]	a fait fabriquer

La traduction de la tablette H. E. 111 est, à deux détails près, la même que celle donnée par le P. V. Scheil qui, le premier, en a publié le texte. Koschaker et Ungnad [2] en ont donné une interprétation sensiblement différente. Ils ont fait remarquer tout d'abord que le titre de *Pa-martu* à la ligne 10, s'appliquait certainement au personnage mentionné dans cette même ligne, Ana-Sin-Takil. D'autres textes [3] contemporains du nôtre nous montrent en effet

1. 5e année du règne de Samsuiluna.
2. H. Ges. VI 1949.
3. Pinches, *Berens Coll.*, 94, 95, H. Ges. VI 1862, 1863.

que Ana-Sin-Takil exerçait les fonctions de *Pa-martu*. Par analogie, il y a lieu d'appliquer ce même titre à Marduk-mušalim, dans la traduction de la ligne 7. Nous savons en effet, par ailleurs, que la fonction de *Pa-martu* était exercée simultanément par plusieurs personnes [1]. Dès lors il faut admettre que le sujet du verbe *imḫuru* aux lignes 7 et 10, est le même qu'aux lignes 4 et 19, c'est-à-dire Šalitum. Le nom de celui-ci a été sous-entendu dans ces deux lignes, parce que le scribe n'avait point la place nécessaire pour l'écrire.

Je crois, au contraire, qu'il vaut mieux rejeter l'interprétation de Koschaker et Ungnad, et préférer celle adoptée par le P. Scheil en ce qui concerne le régime du verbe *imḫuru* dans les quatre premiers paragraphes de notre texte (l. 1-4, 5-7, 8-10, 11-19). D'après Koschaker et Ungnad, *imḫuru* à la fin de ces quatre paragraphes aurait pour régime l'indication du prix contenu dans la ligne précédente. Ces deux auteurs sont amenés par là à une hypothèse fort subtile pour expliquer comment ce prix, étant déjà payé, peut faire l'objet d'une promesse de paiement par Šep-Sin à la fin de notre texte. Malgré l'ingéniosité de cette explication, qui sera exposée plus loin, le rapprochement de notre texte avec des documents similaires ne permet pas de l'adopter. Nous possédons en effet un grand nombre de textes, qui, de même que H. E 111, débutent par l'indication d'une certaine quantité de marchandises, suivie de la mention du prix et d'une expression signifiant « Il a reçu, il a pris » (*imḫuru, namḫarti Šubânti*). L'examen de ces textes prouve de façon indubitable que le reçu porté dans cette expression vise les marchandises elles-mêmes et non leur prix [2]. A l'inverse, quand le texte commence par l'indication du prix, suivie du détail des marchandises achetées, les mots *namḫarti, imḫuru* se rapportent au prix et non aux marchandises. Cette traduction est adoptée sans difficulté par Schorr [3], par Scheil [4], par Kohler et Ungnad [5], par Koschaker et Ungnad [6]. Il me paraît donc établi que les 19 premières lignes de H. E 111 constatent la livraison faite à Šalitum, de marchandises diverses avec indication de leur prix respectif.

Dans la deuxième partie de notre texte (l. 20-27) Šep-Sin, négociant à Larsa, s'engage à verser le prix des marchandises énumérées dans la première partie, dès que le palais lui demandera paiement. On peut admettre que les parties à la vente sont, en réalité Šep-Sin et le palais, le premier étant acheteur, et le second vendeur. Les personnages mentionnés précédemment ne sont que les fonctionnaires du palais, chargés de livrer des marchandises, et un commis de

---

1. Cf. V. S. XIII 48 et 49, H. Ges. VI 1845, 1853, R. 99, H. Ges. III 121, V. S'. VII 59 H. Ges. III 602.

2. Voir par exemple C. T. VI 35c, C. T. VIII 11c, 21a, 30b, 36a.

3. V. A. R., n° 54, p. 85.

4. R. A. XV, p. 193.

5. H. Ges. III 217, 218, 221, 222, 223, 229.

6. H. Ges. VI 1457, 1821.

Šep-Sin, qui reçoit livraison. — Les ventes de denrées alimentaires et de marchandises diverses faites par le palais nous sont connues par un grand nombre de textes. Le palais, de même que les temples, possédait d'immenses magasins alimentés par les revenus du domaine royal et peut-être aussi par des taxes et redevances perçues en nature. L'importance de ces magasins nous est attestée par de très nombreuses pièces de comptabilité. Les approvisionnements ainsi réunis assuraient le service des distributions de grains et de denrées diverses faites aux fonctionnaires et aux employés du palais. L'excédent était vendu à des marchands, qui revendaient aux consommateurs.

Mais si, au point de vue économique, la nature de l'opération constatée dans H. E. 111 ne peut faire aucun doute, il en est tout autrement si l'on se place au point de vue juridique. Comment se réalise la vente à crédit consentie par le palais à Šep-Sin?

D'après Koschaker et Ungnad [1], notre texte constituerait un exemple très net des détours employés par les Babyloniens pour réaliser la vente à crédit, dont la valeur obligatoire n'était pas reconnue par leur droit. J'ai signalé plus haut que, pour ces deux auteurs, la première partie du texte relaterait des paiements partiels, qui seraient faits par les agents de Šep-Sin. Ces paiements seraient fictifs, leur mention n'ayant pour but que de tourner la règle de droit babylonien, selon laquelle seul le paiement du prix transfère à l'acheteur la propriété de la chose vendue. Dès lors, une deuxième fiction devient nécessaire pour réaliser la vente à crédit. L'acheteur, Šep-Sin, sera supposé avoir reçu, à titre de prêt, le prix versé fictivement par ses agents. Ce sera en vertu de ce prêt imaginaire, qu'il sera tenu de payer au palais le prix des marchandises, et non en vertu de la vente qui, par elle-même, ne peut engendrer d'obligation, puisqu'elle était toujours censée faite au comptant.

Malgré son ingéniosité, cette explication ne paraît pas acceptable. Nous avons vu que la première partie du texte dans laquelle Koschaker et Ungnad croient trouver des reçus fictifs des prix, constatent simplement la prise de livraison des marchandises. La deuxième fiction, celle du prêt consenti par le palais à Šep-Sin, devient inadmissible. Au surplus, elle aurait été entièrement inutile. Même en admettant avec Koschaker et San Nicolò que la vente, contrat consensuel, ait été ignorée à l'époque où fut rédigé notre texte, on est obligé de reconnaître qu'il existait tout au moins une vente, contrat réel, dans laquelle la livraison des marchandises créait, à la charge de l'acheteur, l'obligation de payer le prix. Cette opinion est d'ailleurs professée par Koschaker lui-même [2]. Or, la livraison des marchandises est expressément mentionnée dans la première partie de H. E. 111.

1. H. Ges. VI, p. 196.
2. H. Ges. VI, p. 47.

Je crois donc préférable d'admettre, de façon générale, l'interprétation donnée par le P. Scheil de la deuxième partie de notre texte. De prime abord, deux mots paraissent là contredire, *Šam* à la ligne 20 et *Šubanti* à la ligne 25. Le premier de ces mots est traduit « prix » par Koschaker et Ungnad. Mais, cette signification que nous avons rencontrée plusieurs fois dans les textes précédents, n'est point la seule que possède ce mot. *Šam* désigne souvent l'achat, l'acte, à l'occasion duquel est payé le prix, comme nous l'avons vu dans H. E. 142 l. 3. On peut donc traduire la l. 20 dans H. E. 111 par « Achat d'un montant de trois mines d'argent ». — Quant à *Šubanti*, que Koschaker et Ungnad traduisent par « emprunter », on ne saurait, sans forcer le sens de ce mot, y voir l'expression caractéristique du contrat de prêt. Il est vrai que dans un très grand nombre de textes, dont on trouvera plusieurs exemples dans la suite de ce recueil, *Šubanti* est employé pour désigner l'acte de l'emprunteur, qui reçoit une somme d'argent ou une certaine quantité de marchandises, à charge de restituer, plus tard, la valeur reçue, avec ou sans intérêts. Mais, à côté de ces textes, un grand nombre d'autres documents, se rapportant aux opérations juridiques les plus diverses, emploient le terme *Šubanti*, dans des conditions qui excluent toute idée de contrat de prêt. C'est ainsi que nous le trouvons, dans des textes de l'époque d'Agadé et de l'époque d'Ur, pour indiquer que le vendeur a reçu le prix de la chose vendue [1]. Sous la première dynastie babylonienne, les textes contemporains du nôtre [2], comme H. E. 120, l'emploient en matière d'adoption, où il signifie que l'adoptant a pris pour fils l'adopté. Le complément phonétique *ki*, dans un de ces actes [3], montre que pour les Akkadiens *Šubanti* était synonyme du verbe *liqû* = prendre. La même expression se trouve dans les louages de services à propos du paiement des salaires [4], dans des documents judiciaires, pour dire qu'une indemnité a été payée [5]. Ces quelques exemples, que l'on pourrait multiplier, montrent que *Šubanti* a un sens beaucoup plus large que « emprunter ». Ce terme s'applique à la personne qui reçoit une dation. Suivant la nature de l'acte dans lequel il est inséré, cette dation donnera lieu, ou non, à une restitution de la valeur reçue en nature, ou en équivalent. Dans H. E. 111, *Šubanti* indique que Šep-Sin, par l'intermédiaire de son préposé Šalitum, a reçu les marchandises vendues par le palais. Il est d'ailleurs fort possible que cette prestation,

---

1. Cf. *Inventaire des tablettes de Tello*, II 3542 et 4578, et les nombreux textes cités par San Nicolò, *op. cit.*, p. 35-36 et 97, n. 30.

2. L'expression *Šubanti* est également employée dans les adoptions testamentaires ; cf. H. Ges. VI, p. 131.

3. V. S. VIII 73, H. Ges. IV 779.

4. V. S. XIII 92, H. Ges. VI 1676. Dans V. S. XIII 83a et 85a, H. Ges. VI 1658-1659, *Šubanti* désigne la prise de livraison d'un champ dans un échange.

5. G. 6 suivant la traduction nouvelle qu'en donne Walther, *Altbab. Gerichtswesen*, p. 201, n. 1.

reçue par Šep-Sin, ait fait naître, à sa charge, l'obligation d'exécuter la contre-prestation promise, c'est-à-dire de payer le prix. L'opinion suivant laquelle le droit babylonien aurait connu une théorie générale des contrats réels, analogue à celle des contrats innommés dans le droit romain de Justinien, paraît en effet, sinon démontrée, du moins très sérieusement appuyée par les textes. En tout cas, que l'obligation de Šep-Sin ait pour origine le simple consentement, la rédaction d'un écrit, ou la réception des marchandises, l'opération contenue dans H. E. 111 doit être analysée comme une vente à crédit pure et simple.

Reste à déterminer dans quelle mesure les indications données dans notre texte peuvent permettre de préciser le fonctionnement administratif des magasins du palais. Les explications qui précèdent ne me permettent pas de souscrire à l'opinion de Koschaker qui, voyant dans notre texte la constatation d'un prêt fictif analogue à l'*expensilatio* du contrat *litteris* romain, considère H. E. 111 comme une pièce de la comptabilité du palais [1]. Il n'y a pas de raison sérieuse pour se refuser à y voir l'acte de vente lui-même, rédigé suivant le formulaire spécial de ventes du palais, qui ne comportait le plus souvent ni mention des témoins, ni apposition du sceau. De même, il me paraît difficile de voir dans la ligne 24 l'indication d'une subordination quelconque de Šep-Sin à Marduk-naṣir. L'expression *Nig-Šu* est souvent employée dans les contrats avec le palais, et son sens exact demeure mal connu. Dans bien des textes, elle n'est précédée d'aucun nom de personne et, par conséquent, ne saurait désigner un rapport hiérarchique [2]. Rien n'indique qu'il en soit autrement dans les documents, où cette expression suit le nom de l'acheteur. La traduction assez vague donnée par le P. Scheil, et que j'ai adoptée, paraît préférable, en l'état actuel de nos connaissances.

Quant aux fonctionnaires appelés *Pa-Martu*, notre texte, après bien d'autres, les montre exerçant des fonctions sans rapport avec le sens littéral de leur titre « chef des Amorréens ». Ils effectuent les livraisons dans les ventes du palais. Ailleurs nous les voyons apporter des denrées dans les magasins royaux [3], ou consentir des prêts, probablement aussi comme fonctionnaires du palais [4]. Mais ils partagent ces attributions avec d'autres fonctionnaires. Leur rang dans la hiérarchie administrative devait être peu élevé, si l'on en juge par la modicité des allocations qu'ils reçoivent dans les distributions de denrées faites par le palais [5].

1. H. Ges. VI, p. 196.
2. Cf. C. T. VIII 11c, H. Ges. III 223, R 87, H. Ges. III 227, R 86, H. Ges. III 228, V. S. IX 16, H. Ges. IV 815, V. S. IX 17, H. Ges. IV 816, V. S. VIII 128, H. Ges. IV 857, P. 120, H. Ges IV 918, W 19, H. Ges. VI 1547.
3. R. 99, H. Ges. III 121.
4. V. S. VII 89, 94, 96, H. Ges. III 192, 194, 195, V. S. VII 104, 105, 106, 122, H. Ges. III 233, 234, 210, 211.
5. V. S. VII 73, H. Ges III 115, V. S. VII 185, 187, H. Ges. V. 1291, 1290. Voir aussi

H. E. 113 (cf. Scheil, *Revue d'Assyriologie*, XV, p. 184 et s.)

Ḫa Zun A-Ab-Ba ša a-na Šam kaspi	Poissons de mer, qui, à prix d'argent,
a-na še-ip-(il)-sin mar (il) šamaš mu-ba-li-iṭ	à Šep Sin fils de Šamaš muballiṭ,
Nig Šu (il) marduk na-ṣi-ir mâr šakkanaki	affaire relevant de Marduk naṣir fils du *šakkanak*,
i-na Mu sa-am-su-i-lu-na Lugal-E Alam Sub-Ne in-na-ad-nu	dans l'année où le roi Samsuiluna les statues orantes etc., furent vendus
5 Pa Mar-tu (il) sin-i-din-nam Nig-Šu e-til-pi- (il) na-bi-um	*Pa Martu* Sin idinnam, affaire relevant d'Etil pi Nabium.

Ḫa Zun-A-Ab-Ba	Kù Bi	Ki-Lam a-na 1 šiqlim	Mu-Bi-Im
2. 120 Gur	6 2/3 24	120 qa	Nam-Ḫa
1 800. 7 šu-ši	9 šiqlim Igi 4 Gàl	4 šu-ši	Ka-Mar-Ḫa-Sag
8 šu-ši	1 šiqlu	8 šu-ši	Ka-Mar-Ḫa-Uš
10 2. 240	2 2/3 šiqlim 24	1 Gur	Zi-Gur-Ḫa
7 200-2 400 5 šu-ši	5 1/2 šiqlim	1800	Peš-Gig-Ḫa
5 šu-ši	5/6 šiqil	6 šu-ši	Suḫur-Ḫa
1 200 4 šu-ši	1 1/2 šiqlu 18	600-5 šu-ši	Ḫa-A-Ab-Ba-Ḫa
1 šu-ši	12 Še	600-5 šu-ši	Ni-Eš-Sib-Ḫa
15 1. 120 Gur	1 1/3 šiqlu 12 Še	1 Gur	Ḫa-Ki-Du-Ḫa
40	12 Še	600	E-Zi-Ab-Ḫa
20	15 Še	4 šu-ši	Ab-Suḫur-Ḫa
50	Igi 6 Gàl 7 1/2	4 šu-ši	Ḫa-Mu-Ḫa
20	12 Še	1 Gur	....
20 180	1 1/3 šiqlu 21 Še	1. 100	....
1 šu-ši	18 Še	600	Gur? ....
140	Igi 6 Gàl 12 Še	600	Lu
4 šu-ši	1 1/3 šiqlu	3 šu-ši	Ninda-U-Nun-Ḫa

D. 5 et 6 qui donnent des indications utiles sur les fonctionnaires supérieurs dont dépend le *Pa Martu*.

10   Igi 4 Gàl   40   Ni-Tug?-Ha

25 5/6 šiqlu 22 1/2 Še Kaspi Ìd ni-du-dim-mi
ù Ìd e-lu-du

Poissons de mer.	Leur prix.	Taux pour 1 sicle.	Leurs noms.
2 Gur 120 qa	6 sicles 2/3 24 grains	120 qa	« hirondelle »
2 220	9 sicles 1/4	240	« museau-pelle 1re qualité »
480	1 sicle	480	« museau-pelle 2e qualité »
2 Gur 240 qa	2 sicles 2/3 24 grains	1 gur	....
9 900	5 sicles 1/2	1.800	*Peš* noir
300	5/6 de sicle	360	raie?
1 440	1 sicle 1/2 18 grains	900	« poisson de mer »
60	12 grains	900	....
1 Gur 120 qa	1 sicle 1/3 12 grains	1 gur	....
40	12 grains	600	....
20	15 grains	240	raie cornue (?)
50	1/6 de sicle 7 grains 1/2	240	....
20 qa	12 grains	1 gur	....
180 qa	1/3 de sicle 21 grains	1 gur 100 qa	....
60	18 grains	600	....
140	1/6 de sicle 12 grains	600	....
240	1 sicle 1/3	180	....
10 qa	1/4 <de sicle>	40 qa	....

25 5/6 de sicle 22 grains 1/2, d'argent <poissons> du canal Nidudimmi
et du canal Eludu

1/2 ma-na 3 šiqlim kaspi Šam Ha-
  A-Ab-Ba
	1/2 mine 3 sicles d'argent, prix
	  du poisson de mer

ša a-na Šam kaspi	qui, à prix d'argent
a-na še-ip (il) sin mâr (il) šamaš mu-ba-lí-iṭ	à Šep-Sin fils de Šamaš-mubaliṭ,

30 Nig-Šu (il) marduk na-ṣi-ir mâr
  šakkanaki in-na-ad-nu
	affaire relevant de Marduk-naṣir
	  fils du *Šakkanak* furent vendus.

Zig-Ga lib-bi kasap Ḫa-A-Ab-Ba	Pris sur l'argent du poisson de mer
ša Mu sa-am-su-i-lu-na Lugal-E	de l'année où le roi Samsuiluna
Alam.....	les statues (etc.)
Pa-Mar-tu (il) sin-i-din-nam Nig-	*Pa Martu* Sin-idinnam, affaire
Šu e-til-pi (il) na-bi-um	relevant de Etil-pi-Nabium.
a-na nikasi-šu iš-ta-ak-ka-an	A son compte, il <l'> a porté.
35 waraḫ tešriti um 15 (kam)	Mois de tešrit, 15ᵉ jour,
Mu sa-am-su-i-lu-na Lugal-E	l'année où le roi Samsuiluna
Alam Sub-Ne (il) Lama Guškin Aš-	les statues orantes de dieux pro-
Aš-Bi-Da	tecteurs en or
E-Babbar Igi (il) šamaš Šu E-Sag-	à l'E-Babbar devant Šamaš, à
Il Igi (il) marduk	l'Esagil devant Marduk
Ki-Gub-Ba-Ne- Ne Mu-Un-Gi- Na-	a dressées
A ¹	

La tablette H. E. 113 se rapporte au même genre d'opérations que nous avons déjà rencontré dans la tablette précédente, l. 5-11, aux ventes de poisson de mer faites par le palais. Ici, notre texte ne dit pas expressément que c'est au palais que Šep-Sin achète les poissons. Mais la similitude de certaines mentions; l'indication du *Pa-Martu*, qui intervient probablement pour livrer à Šep-Sin les marchandises achetées; la mention *Nig Šu (il) marduk-naṣir*, qui se retrouve dans les deux textes, permettent de suppléer à cette lacune. Le rapprochement, fait par le P. Scheil ², de notre texte avec une lettre administrative de la même époque ³, adressée par Samsuiluna à des fonctionnaires de Sippar, jette un jour particulier sur les grandes ventes de poisson de mer faites par le palais sous le règne de ce prince. Le palais devait posséder des pêcheries, puisque ce sont des fonctionnaires royaux qui envoient des pêcheurs dans tel ou tel secteur de pêche. Koschaker suppose ⁴ qu'il existait, au profit du palais une sorte de monopole de la pêche maritime. Mais les textes manquent pour vérifier l'exactitude de cette hypothèse. En dehors de H. E. 111 et 113 et de deux textes publiés par Pinches ⁵, les rares documents consacrés au commerce du poisson de mer, qui nous sont parvenus, ne peuvent être utilisés pour cette vérification ⁶.

1. 6ᵉ année du règne de Samsuiluna.
2. R. A. XV, p. 184.
3. King, *Letters and Inscript. of Hammurabi*, p. 121.
4. H. Ges. VI, p. 197.
5. Pinches, *Berens Collection*, 94-95.
6. E. G. 31, H. Ges. VI 1821, remonte à l'époque où Rim-Sin était encore roi de Larsa et on ne peut en tirer de conclusions fermes pour l'administration du royaume babylonien. Dans ce texte, le palais paie une somme assez importante (2/3 de mine) à des pêcheurs

H. E. 113 paraît, bien plus que la tablette H. E. 111 correspondre à l'interprétation donnée de cette dernière par Koschaker. C'est une pièce comptable, et non un contrat, comme le prouve sa disposition en colonnes et l'extrême minutie des indications de prix et d'espèces de poissons vendues. Le mode de paiement employé par Šep-Sin est tout différent de la vente à crédit que nous avons vue dans le texte précédent. Le prix sera prélevé sur « l'argent des poissons de mer ». Cette mention paraît indiquer que Šep-Sin avait déposé au palais une somme destinée à payer les achats de poisson qu'il pourrait être amené à faire dans le courant de l'année suivante et se trouvait ainsi avoir un compte courant créditeur. L'importance de ses rapports commerciaux avec le palais, déjà attestée par H. E. 111, nous est confirmée par cette pratique.

La ligne 33 semble indiquer qu'à côté de la comptabilité générale du palais à laquelle paraît appartenir notre texte, il existait des comptabilités spéciales tenues par les fonctionnaires de différents services. Mais il n'est guère possible de déterminer si le compte, à l'actif duquel a été portée la vente, est celui de Sin-idinnam ou celui d'Etil-pi-Nabium [1].

H. E. 137

1/3 ma-na kaspi	1/3 de mine d'argent
Šam [Ḫa] A-Ab-A-Ba [2]	prix du poisson de mer,
1/3 ma-na kaspi	1/3 de mine d'argent
Šam 40 Gur Ka-Lum	prix de 40 gur de dattes,
5 zu-ut ṣi-li (il) šamaš	approvisionnement de Ṣili-Šamaš
lib Mu Bád Gal	pendant l'année où la forteresse
Kar (il) šamaš	de Kar-Šamaš <etc.>,
ša ib-ni-(il)-adad	qu'Ibni Adad
a-na ši-ip-(il)-sin	à Šep-Sin
10 i-na-ad-di-nu	donnera
warah addarium? 1	Mois d'addar, 1e jour,

pour une livraison de poisson. On peut y voir également, soit un paiement fait aux chefs des pêcheurs employés par le palais, soit un achat, ce qui indiquerait que le monopole des pêcheries n'existait pas dans le royaume de Larsa. H. E. 266 sera étudié plus loin de même que H. E. 137. Ces deux textes dont le premier a déjà été publié (cf. Scheil, R. A. XV, p. 193) paraissent viser la vente au consommateur sans fournir d'éclaircissement sur la question du monopole.

1. L'opinion de San Nicolò, *Schlussklauseln*, p. 88, n. 19, suivant laquelle cette clause viserait l'inscription au compte de Sep-Sin paraît peu probable, car il ferait double emploi avec la mention portée à la l. 29.

2. La restitution *Ha-A-Ab-Ba* au lieu de *A-Ab-A-Ba*, qui ne présente aucun sens plausible, paraît commandée par la similitude de H. E. 137 et de H. E. 266 transcrit ci-après.

Mu Bád Gal Kar	l'année où la forteresse de Kar -
(il) šamaš.[1]	Šamaš <etc.>

H.E. 266 (cf. Scheil [1], Revue d'Assyriologie, XV, p. 193)

13 1/2 šiqlim kaspi Šam Ha A-Ab-Ba	13 sicles 1/2 d'argent, prix du poisson de mer
nam-ḫa-ar-ti (?) nu-ur ê-a	reçus par Nur Ea,
mâr ni-id-nu-ša	fils de Nidnuša,
a-na zu-ti-šu	pour son approvisionnement,
5 lib Mu Bád Gal Zimbir (ki)	pendant l'année où la forteresse de Sippar < etc. >
Kara ? ut-tar (il) šamaš[Pa] [2] Nam 5	..... d'Uttar Šamaš chef (?) de 5.
Nig-Šu (il) sin mu-uš-ta-al	Affaire relevant de Sin-muštal
Pa Dam-Gar uri (ki)	chef des marchands d'Ur.
waraḫ aiari......	Mois d'ayar....
10 Mu Bád-Gal Zimbir (ki) [3]	l'année où la forteresse de Sippar <etc.>

Les tablettes H.E. 137 et H.E. 266 se rapportent à des opérations analogues à celles que nous avons rencontrées dans H.E. 111 et 113, à des ventes de marchandises et, en particulier, de poisson de mer. Dans H.E. 137 c'est une vente à crédit de poissons et de dattes dans laquelle le vendeur, Šep Sin, est le même que nous avons vu dans les textes précédents achetant au palais les marchandises nécessaires à son commerce. Dans H.E. 266 le nom de l'acheteur n'est pas mentionné, à moins de supposer que les signes illisibles par lesquels commence la ligne 6 indiquaient que l'achat de poisson était fait par Uttar-Šamaš. Ce dernier texte nous transporte à une époque légèrement antérieure, et dans une région différente de celle d'où proviennent les trois premiers. Il y est fait mention du chef des marchands d'Ur et sa date, 25e année du règne d'Hammourabi, montre que notre texte ne vient pas de Larsa puisque cette ville était alors la capitale du royaume de Rim-Sin.

Nous trouvons dans nos deux textes le même mot zutu ou sutu que nous rencontrerons également dans H.E. 106 publié plus loin. Le P. Scheil dans sa publication de H.E. 266 a proposé pour ce mot le sens « créance, obligation ». En effet dans H.E. 266, Nur Ea reçoit de l'argent pour « son zutu » et

---

1. 42e année du règne d'Hammourabi.
2. Omis par le scribe.
3. 25e année du règne d'Hammourabi.

dans H.E. 106 l'auteur de la lettre déclare qu'il est allé à Bad-Tibira « pour payer son *zutu* ». Mais du fait que ce terme ne se rencontre que très rarement dans la littérature juridique, on peut conclure qu'il doit désigner une obligation ou un contrat d'une nature particulière que nos deux textes permettent, je crois, de préciser.

Notons d'abord, que dans H.E. 137 comme dans H.E. 266, *zutu* est suivi de la formule de l'année en cours au moment où le contrat est rédigé. Il y a donc lieu de penser qu'il s'agit d'un contrat annuel. En second lieu, dans nos deux textes, ce terme est employé à l'occasion de ventes de denrées alimentaires. Or, un mot dont la racine est inconnue, mais qui paraît peu différent du nôtre, *şiditu*[1] est employé dans la littérature historique pour désigner les approvisionnements d'une armée et les frais d'un voyage. Il semble donc logique d'admettre que *zutu* ou *şutu* désigne le contrat par lequel un marchand se charge de fournir des denrées alimentaires, pendant une certaine période, qui serait ici d'un an. La particule possessive ajoutée à ce mot peut se rapporter, soit au vendeur de denrées comme dans H.E. 266, soit à l'acheteur comme dans H.E. 106 si l'on admet, comme il paraît probable, que *šagalim* désigne ici le paiement par pesée du métal, en l'absence de monnaie frappée, et non la pesée des marchandises fournies.

Il n'est pas possible de déterminer le rôle exact de Şili-Šamaš dans H.E. 137 puisque le paiement se fait en dehors de lui. Il peut être soit le préposé de Šep-Sin, chargé par celui-ci de livrer les marchandises à l'acheteur, soit le destinataire des marchandises, Ibni-Adad étant chargé du paiement par délégation, ou étant tenu, pour une raison quelconque, d'assurer sa nourriture. Les quantités de marchandises, qui sont l'objet de ces transactions, montrent que ces approvisionnements devaient être destinés à un nombre considérable de personnes. Il suffit, pour s'en apercevoir, de se reporter au tarif que nous donne H.E. 113 pour le prix des poissons de mer et de remarquer que, dans H.E. 137, figure une livraison de 40 gur, soit environ 65 hectolitres de dattes. De telles quantités, auxquelles devaient probablement s'ajouter des livraisons de grains, ne pouvaient être destinées qu'à une troupe assez nombreuse, équipe de travailleurs, caravane, ou équipage de navire.

Le mode de paiement diffère d'une tablette à l'autre. Dans H.E. 137, le texte est daté du mois d'addar, le dernier de l'année babylonienne. A cette date, les fournitures de denrées pour l'année devaient être exécutées et nous nous trouvons en présence d'une vente à crédit, peut-être d'une vente contrat réel, comme dans H.E. 111. Au contraire, la date de H.E. 266 nous reporte au mois d'ayar, deuxième mois de l'année. Il est donc possible qu'ici le paiement ait précédé tout ou partie, des livraisons. Ce serait une vente à livrer

1. Cf. Delitzsch, A.H.W., p. 563.

avec paiement comptant, analogue à l'opération constatée dans H.E. 113 où nous avons vu que Šep-Sin avait versé, d'avance, une somme en vue de ses achats dont il n'avait pas encore reçu livraison.

Dans H.E. 137, nous ne trouvons aucune trace d'une intervention quelconque de la part de l'autorité administrative et il y a tout lieu de penser qu'il s'agit là d'un contrat entre simples particuliers. Šep-Sin, que nous avons vu s'approvisionner au palais dans H.E. 111 et 113 vend, probablement au consommateur, des denrées de même espèce et, peut-être, de même origine. Dans H.E. 266, nous voyons, au contraire, intervenir deux personnages dont l'un est qualifié de *Pa Damgar* d'Ur et dont l'autre paraît être un *Pa Nam* 5. Ce dernier titre se rencontre dans d'autres textes [1] et paraît désigner un subordonné du *Pa Damgar*, sans qu'on sache d'ailleurs de quel groupe de 5 Utar Šamaš est chef. Le début de la ligne 7 ne nous donne aucune lecture plausible, permettant de déterminer le rôle joué par ce personnage, dans le paiement fait à Nur Ea. D'après l'ensemble du texte, on peut seulement conjecturer que c'est lui qui a payé le prix. Quant au *Pa Damgar*, ses fonctions paraissent dans les textes déjà connus, pouvoir se ranger sous deux rubriques différentes. Il nous apparaît parfois comme chef de la corporation des marchands, conformément à la traduction littérale de son titre. Quand, pour une raison quelconque il abandonne son titre, il redevient simple marchand. C'est ainsi que Šep-Sin est qualifié de *Pa Damgar* pendant les dernières années du règne d'Hammourabi tandis qu'il est seulement appelé *Damgar* pendant les premières années de Samsuiluna. A Larsa, sous le règne de Rim Sin, un *Pa Damgar* préside un tribunal composé de marchands devant lequel est conclue une transaction judiciaire [2]. Dans d'autres textes, il paraît être plutôt un membre de la hiérarchie administrative, s'occupant surtout des ventes, des entrées et sorties de marchandises et des prêts qui concernent les magasins du palais. Dans ces fonctions, il est assisté, et parfois suppléé [3], par des juges et c'est parmi les juges qu'est choisi le *Pa Damgar* [4]. Peut-être ce double aspect corporatif et administratif peut-il s'expliquer par une évolution historique de cette fonction. En effet les textes qui montrent le *Pa Damgar* nettement incorporé dans la hiérarchie administrative sont tous postérieurs au règne de Samsuiluna. Peut-être, la royauté babylonienne transforma-t-elle l'ancien chef des marchands, fonctionnaire corporatif, en fonctionnaire public.

Au point de vue de notre texte il n'est guère possible de dire si l'intervention

---

1. Cf. King 16, Pinches, *Berens Coll.*, 94, 95, H. Ges. VI 1862-1863.

2. E.G. 23, H. Ges. VI 1761.

3. C.T. VI 37c où la vente est faite par Uta šumundib, juge, tandis que dans C.T. VIII 36a une vente absolument identique est faite par un *Pa Damgar*.

4. Uta šumundib qui est juge la 29ᵉ année d'Ammiditana, C.T. VI 37c, devient *Pa Damgar* en remplacement de son père Ilušu-ibni, la 5ᵉ année du règne d'Ammiṣaduga.

du *Pa Damgar* et du *Pa Nam* 5 fait de la vente qui y est constatée, une opération administrative, ou s'il faut y voir une transaction commerciale de caractère privé, faite pour le compte de la corporation des négociants d'Ur.

H.E. 130

257. 120 Gur Ka-Lum	257 *gur* 128 *qa* de dattes
Ê-Gal (il) marduk	du temple de Marduk,
Šam kaspi Kara larsa (ki)	au prix d'argent du quai de Šamaš.
Nam[1] 5 ì-lí-i-zu-'u	< Chef de > 5 : Ili-izu'u ;
5 Nig-Šu ši-ip (il) sin Pa Dam-Gar	Affaire relevant de Šep Sin, chef des marchands.
ša a-bíl (il) amurru Gal-Ni	<dattes qui> d'Abil Amurru, le jardinier,
šu-ki-nu-šum	<sont> son fermage (?)
waraḫ kisillimi um 9 (kam)	Mois de kislev, 9e jour,
Mu Báḍ Gal tu ? Kara ? (il) šamaš	l'année où l'enceinte de Kar-Šamaš
19 Mu-Un-Du A[2]	il a construit.

La tablette H.E. 130 paraît devoir être rattaché à H.E. 266 à raison de la mention qui y est faite du *Pa Nam* 5 et du *Pa Damgar*. Celui-ci dans H.E. 130 est le même Šep-Sin que nous avons rencontré dans H.E. 111 portant seulement le titre de *Damgar*. Cette dernière tablette étant postérieure de 6 ans à H.E. 130, il est probable que Šep-Sin avait dû dans l'intervalle abandonner ses fonctions de chef des marchands[3]. Les lettres de Hammourabi à Sinidinnam, publiées par King n° 16, 30 et 33, nous montraient déjà Šep Sin, assisté de *Pa Nam* 5 chargé de faire apporter aux caisses royales, à Babylone, des sommes d'argent et des quantités de grains importantes, dont l'origine n'est pas indiquée. Dans notre texte Šep-Sin est en rapports, non plus avec l'autorité royale, mais avec le temple de Marduk. Il y est question d'une grande quantité de dattes, plus de 400 hectolitres, qui paraît avoir été vendue comme l'indique l'emploi du mot *Šam* à la ligne 3. Le nom de l'acheteur n'est pas indiqué. On peut supposer que les dattes ont été achetées par la corpo-

1. *Pa* est probablement sous-entendu comme dans H.E. 266.
2. 42e année du règne d'Hammourabi.
3. Dans H.E. 137 qui est contemporain de H.E. 130 Šep-Sin ne porte pas le titre de *Pa Damgar*. Mais dans ce texte la fonction de Šep-Sin n'est pas mentionnée parce que dans ce contrat il agit comme simple marchand. Il est probable en effet que, s'il y avait eu simultanément à Larsa deux marchands du nom de Šep-Sin, on aurait pris soin de les distinguer en mentionnant le nom de leur père.

ration, « le quai »[1], de Larsa ce qui expliquerait l'intervention des dirigeants de la corporation. Peut-être au contraire le *Pa Damgar* et ses auxiliaires sont-ils chargés de vendre, au cours pratiqué sur la place de Larsa, les fruits provenant des domaines du temple. Quant aux lignes 6-7 elles me paraissent se rapporter uniquement à la provenance des dattes. *Šukinušum* à la ligne 7 s'apparente à *šukunnum* qui est souvent employé pour désigner le fermage dans les baux relatifs aux vergers de dattiers[2].

H.E. 102

a-na i-bi (il) sin	A Ibi-Sin,
ki-bí-ma	parle
um-ma en ? me-li-ma	En-meli.
(il) nannar ù (il) nin-gal	Que Nannar et Ningal
5 li-ba-al [3] ?-li-du-ka	te fassent vivre.
duppi(pi) i-na a-ma-ri-ka	Quand tu as vu la tablette ⟨ disant ⟩
1 Gur šeim a-na ṭab-ṣil-i-lí	« 1 *gur* de grain à Ṭab-ṣil-ili
i-di-in	donne
la ta-ka-la-šu	ne le retarde pas
10 aš-šum še ša aš-pu-ra-ka-ma	au sujet du grain pour lequel je t'avais écrit
ki-a-am ta-aš-pu-ra-am	ainsi tu as mandé
um-ma [at]-ta-ma	toi
aš-ta-pa-ar	« Je te mande ⟨ que ⟩
ki-ma ša at-ta	ainsi que toi
15 še-a-am la i-šu-u	je n'ai pas de blé
ù bi-ti bi-ru u-ul ti-di-e	et ne sais-tu pas que ma maison est affamée ?
[i]-di ? ilu an-ni-tam	« Dieu sait cela »
. . . . . . ki-ma ta-ma-ra-am	. . . . ainsi que tu vois
10 ? . . . . . . kaspi u-ša-bi-el-ma	10 [sicles?] d'argent, j'ai fait apporter.
	ter.

1. Voir pour le *Karum* envisagé à la fois comme juridiction et comme organe de la vie économique Walther, *Das altbabylonische Gerichtswesen*, p. 70-80. Les observations de Walther se fondent essentiellement sur des textes de Sippar. Peut-être ne sont-elles pas toutes applicables à l'institution similaire de Larsa, mais on ne peut relever aucune différence précise à cet égard entre les deux organisations.

2. Voir pour le formulaire spécial aux baux de vergers complantés en dattiers, Koschaker, *Rechtsvergleichende Studien zur Gesetzgebung Hammurapis*, p. 12, n. 11.

3. Ce signe pourrait être également le signe *lal*.

20 šeim il-ta-mu-ni-im-ma	Du grain a été acheté pour moi.
bi-ti la i-bi-ir-ri	Ma maison ne sera plus affamée.
šu-pu-ur-ma	Envoie
še-a-am li-il-li-ku-ni-ma duppi-ka [1]	et qu'on prenne chez moi du grain.
šeim šu-bi-lam	Ta tablette du grain fais apporter.

Comme on peut s'en rendre compte H.E. 102 résume un échange de correspondance entre deux personnes qui cherchent mutuellement à s'emprunter ou à s'acheter du grain, probablement pendant une famine. Au point de vue juridique, ce texte nous montre la pratique du contrat entre absents chez les simples particuliers. En effet, il n'est pas douteux qu'il ne s'agit point là d'une opération commerciale. Aucun détail ne nous est donné sur la manière dont a été conclue la vente dont nous parlent les lignes 19 et 20. Mais, dans les deux dernières lignes, nous voyons que le prêt ou la vente de grain, que propose l'auteur de la lettre, se réalisera par l'envoi d'un messager, non d'un mandataire, chargé d'apporter la tablette rédigée par les soins de l'emprunteur ou vendeur, pour être remise à l'autre partie en échange du blé livré.

H.E. 124

aš-šum ka-ni-ik ka [2]...	Au sujet du contrat [de dattes?]
ša Giš-Bar Ê-Gal	à la mesure du palais
ša še-ip (il) sin	< intervenu entre > Šep-Sin,
ša ṣa-bi (il) šamaš mâr ṣulul šamaš	Ṣabi-Šamaš fils de Ṣulul-Šamaš
5 (I) (il) sin-i-din-nam mâr (il) šamaš	< et > Sin-idinnam fils de Šamaš-
mu-ba-li-iṭ	mubaliṭ
i-na babili (ki)	à Babylone, < et dont >
(I) ṣa-bi (il) šamaš ù (il) sin i-din-	Ṣabi-Šamaš et Sin-idinnam
nam	
iṣ-ṣa-ab-tu-ma	doivent prendre livraison.
um-ma ṣa-bi (il) šamaš-ma	Ṣabi-Šamaš dit
10 a-na še-ip (il) sin na-ad-na-ku	« A Šep-Sin je donnerai
i-na waraḫ šabaṭi um 20 (kam)	au mois de šabaṭ, le 20e jour »
(I) ṣa-bi (il) šamaš a-na larsa (ki)	< Mais > Ṣabi-Šamaš à Larsa
u-ul i-la-ak nikasi-šu	ne vient pas ; ses comptes

1. Les deux derniers signes de la dernière ligne paraissent devoir être reportés à la fin de la ligne précédente. Le scribe, gêné par le manque de place, n'a pu les écrire ni à la fin de la ligne ni en interligne.

2. Peut-être faut-il restituer *Ka-Lum-Ma*.

u-ul i-pu-uš-ma	il ne rend pas.
15 ša pi ka-ni-ki-šu	Selon la teneur de son contrat
(I) ṣa-bi (il) šamaš a-na še-ip (il) sin	Ṣabi-Šamaš à Šep-Sin
še-a-am Ì-Ram-E	livrera le grain.
ni-iš (il) marduk ù sa-am-su-i-lu-na Lugal	Par le nom de Marduk et du roi Samsuiluna.
it-ma-a.....an	il a juré........
20 aš-ku-nu [1] i-na larsa (ki)	« J'ai décidé ; à Larsa
it-ti še-ip (il) sin	avec Šep Sin
lu an-na-am-mar	je paraîtrai. »
waraḫ ṭebiti um 25 (kam)	Mois de tebet, 25ᵉ jour
Mu Íd sa-am-su-i-lu-na-Ḫe-Gal	L'année où le canal Samsuiluna-hegal
25 Mu-Un-Ba-Al-La [2]	il a creusé.

J'ai cru devoir rattacher H.E. 124 aux textes relatifs aux ventes de denrées, quoique l'on n'y rencontre aucune des expressions caractéristiques de la vente, pour les raisons suivantes. Cette tablette contient une modification à un contrat écrit et scellé (*Kaniku*) qui comportait, d'une part, une livraison de denrées déterminées à la mesure, probablement des dattes, à la charge de Šep-Sin et, d'autre part, une livraison de céréales (l. 15-17) à la charge de Ṣabi Šamaš et probablement aussi de Sin-idinnam. Une telle opération, de nos jours, serait considérée comme un échange. Il en était autrement à Babylone où les paiements en grains avaient, en vertu de la loi, le même effet libératoire que les paiements en argent. Nous verrons dans H.E. 196 publié ci-dessous et consacré à une opération du même genre, que la quantité de grains à livrer est désignée par *Šam* = prix, tout comme s'il s'agissait d'une somme d'argent.

Il est plus difficile de déterminer exactement les modifications qu'apporte notre tablette au contrat primitif, à raison de la rédaction très particulière et très elliptique du texte. Cette rédaction se caractérise par l'absence de régime de trois verbes transitifs : *sabatu*, *nadanu*, *šakanu*, aux lignes 8, 10 et 20 ce régime étant vraisemblablement sous-entendu. De plus, le rédacteur de notre texte emploie deux fois le style direct pour exprimer les engagements pris par Ṣabi-Šamaš. Il insère dans l'acte une clause de serment unilatérale,

---

1. *nu* écrit pour *un*.
2. 4ᵉ année du règne de Samsuiluna.

ce qui constitue une anomalie fort rare [1], le serment étant toujours exclu dans les contrats, ventes ou prêts qui ont pour objet des choses de ce genre.

Malgré ces bizarreries et ces obscurités, il semble que le contenu juridique de notre texte puisse être analysé de la manière suivante. Ṣabi-Šamaš promet de payer, dans le délai de vingt-cinq jours, la quantité de grains qu'il a promise dans le contrat antérieur en contre-partie des dattes vendues par Ṣep-Sin. Peut-être ce délai retarde-t-il l'échéance stipulée précédemment. Dans ce cas, l'opération constatée dans notre texte serait-elle analogue au pacte de constitut romain. L'inexécution des obligations constatées dans le contrat précédent paraît visée dans les lignes 12-14, en ce qui concerne le voyage de Ṣabi-Šamaš à Larsa et la reddition de comptes [2]. Celle-ci indique que les relations commerciales entre Šep-Sin et Ṣabi-Šamaš ne devaient pas se borner au contrat modifié par H.E. 124. Les lignes 20-23 montrent que Ṣabi-Šamaš promet de réparer ce manquement à ses promesses, mais le but de ce voyage à Larsa paraît bien énigmatique.

H.E. 196

18 Gur Ka Lum	18 *gur* de dattes,
5 qa Ia-Giš	5 *qa* d'huile
Šam 14 Gur šeim	prix : 14 gur de grain,
Ki a-bil (il) amurru	à Abil-Amurru
5 (I) a-lí-wa-ak-rum	Ali-wakrum
Šu-Ba-An-Ti	a pris
i-na ši-ip-ka-at	A l'engrangement,
[um ?] eburi? (ki ?)	le jour de la récolte
še-a-am ša ak-la	le grain que . . . . .
18 Ì-Ram-E	il livrera (litt. mesurera)
maḫar a-si-rum mâr i-bi ?-ni	Par devant Asirum fils d'Ibini (?),
maḫar ibik ir-ni-na	par devant Ibiq Irnina.
[waraḫ] kisillimi um 20 (kam)	Mois de kislev, 20e jour,
[Mu] (giš) Tukul Šu-Nir [3]	l'année où l'arme *maṣraḫu*

---

1. On en trouve cependant un exemple dans E.G. 13, H. Ges VI 1544 (prêt d'argent avec restitution garantie par serment). Dans H.E. 124 l'emploi du serment s'explique peut-être par la nature spéciale de l'obligation qu'il garantit. Cette obligation porte sur un *facere*, le voyage de Ṣabi Šamaš à Larsa. Or le droit commun ne devait assurer à de telles obligations qu'une sanction imparfaite. Dans le louage de services une loi spéciale *ṣimdat šarri* est souvent invoquée comme sanctionnant le manquement du salarié à son engagement. On peut en conclure que le droit commun ne reconnaissait pas à de tels engagements la force obligatoire.

2. Sur l'expression *Nig Šud epešu* voir les références données par San Nicolò, *op. cit.*, p. 88, n. 19.

3. 7e année du règne de Samsuiluna.

H.E. 196 contient un acte de vente de dattes et d'huiles, le prix étant payable en blé le jour de la moisson, soit environ deux mois après la rédaction de notre texte. De telles opérations de crédit sont très souvent rapportées dans les textes babyloniens, les cultivateurs pauvres achetant, ou empruntant les denrées de consommation courante et s'engageant à payer, dès qu'ils auront récolté les céréales. Comme je l'ai indiqué à propos de H.E. 124, l'échange d'une marchandise quelconque contre du grain doit être considéré comme une véritable vente, ainsi que le prouve l'emploi de *Šam* à la ligne 3 pour désigner la quantité de grain promise. De même que dans H.E. 111, *Šubanti* indique seulement la prise de livraison et il n'y a pas lieu de voir dans notre texte un prêt irrégulier. D'ailleurs, cette dernière interprétation ne modifierait nullement les effets juridiques de l'acte, puisque, de toute manière, la convention portée dans notre texte constitue un contrat réel, dans lequel l'obligation d'Aliwakrum naît de la prestation qu'il a reçue.

H.E. 126

24. 140 Gur Ka-Lum-Ma	24 *gur* 140 *qa* de dattes,
Kara-Bi 2 Gur 1 šiqlum	leur taux (?) : 2 *gur* pour 1 sicle,
Kù-Bi 12 šiqlim Igi 6 Gàl 12 Še	leur valeur : 12 sicles 1/6 12 grains
Šu-Ti-A ši-ip-(il)-sin Pa-Dam-Gar	prises par Šep-Sin chef des marchands,
	d'Ibqu-Girra jardinier.
5 Ki ib-ku-(il)-gir-ra Gal-Ni	A Ili-ippalzam,
a-na í-lí-ip-pa-al-za-am	dans la ville de Raḫabum
ali (ki) ra-ḫa-bu-um	il a donné < les dattes >
i-di-in	Mois d'Addar,
waraḫ addari	l'année où l'armée
10 Mu Ki-Su-Lu-Ub-Gar	de Turukum < etc. >
tu-ru-ku-um (ki) [1]	

Nous retrouvons dans H.E. 126 Šep-Sin, dans ses fonctions de *Pa Damgar*, intervenant dans une vente de dattes comme nous l'avons vu dans H.E. 130. La comparaison avec ce dernier texte permet de supposer, ici, que les dattes livrées par Ibku-Girra sont le fermage dû par celui-ci pour le jardin qu'il cultive. L'emploi de *Kara* à la ligne 2 permet de conjecturer que ce cours d'achat était celui qui était pratiqué par la corporation, le « quai » des marchands de Larsa, qui achète, ici comme dans H.E. 130, par l'intermédiaire

1. 37ᵉ année du règne d'Hammourabi.

de son chef. Les lignes 6-7 doivent se rapporter à l'agent de Šep-Sin qui a reçu les dattes pour le compte de celui-ci. On ne saurait admettre que *idin* signifie ici « il a vendu » et que, par suite, Šep-Sin n'aurait joué ici que le rôle d'intermédiaire, chargé de la vente. En effet, le sceau de Šep-Sin est apposé sur la tablette et non celui d'Ili-ippalzam. C'est donc le premier, et non le second, qui est partie au contrat. Le paiement du prix n'est pas mentionné, probablement parce que les parties, temple ou palais et corporation des marchands, étaient en compte et qu'il était inutile de stipuler la date du paiement pour chaque opération isolée.

H.E. 205

70 Gur Ka-Lum	70 *gur* de dattes
Giš-Aš nam-ḫa-ar-tim	. . . . . .reçues
Lal nu-ur ì-lí-šu	emportées (litt. emballées) par Nûr-Ilišu,
ša Mu Íd sa-am-su-i-lu-na	qui, l'année où le canal Samsuiluna
5 Na-Ga-Ab-Nu-Uḫ[Uš-Ni-Ši] [1]	Nagab-nuhuš-niše
ištu šeim ù kaspim	du grain et de l'argent
ša id-di-nu	qu'il a donnés,
ḫa-ar-ṣu	sont déduits.
waraḫ simani um 10 (kam)	Mois de Siwan, 10e jour,
10 Mu sa-am-su-i-lu-na Lugal-E	l'année où le roi Samsuiluna
Alam-Ba-Ne (il) lamma Guškin [2]	les statues orantes de dieux protecteurs en or < etc. >

La tablette H.E 205 n'est pas, à proprement parler, un document juridique, mais une pièce comptable. Ainsi peut s'expliquer le silence du texte sur la personne qui a fourni les dattes à Nûr-Ilišu et qui a reçu les grains et l'argent mentionnés à la ligne 6. H.E. 205 a dû être écrit pour permettre à cette personne de garder trace de la livraison faite en déduction du compte créditeur de Nûr-Ilišu. Ce compte créditeur, d'après le texte même de notre tablette, existait depuis la troisième année du règne de Samsuiluna, par conséquent depuis trois ans. Avait-il pour origine un prêt consenti par Nûr-Ilišu ou un paiement d'avance en vue d'opérations commerciales à venir, comme le dépôt

1. 3e année du règne de Samsuiluna.
2. 6e année du règne de Samsuiluna.

d'argent fait par Šep-Sin au palais dans H.E. 111?. Les deux interprétations sont possibles, par suite de l'extrême concision de notre texte. Suivant qu'on adopte l'une ou l'autre, la livraison de dattes peut être considérée comme une dation en paiement, ou comme une vente commerciale. Il est à remarquer que la valeur des dattes livrées ne nous est pas indiquée.

H.E. 135

A?-Ra[1]?-Sig-Gin	Au sujet de (?) la laine forte,
kaspi ḫurasi ku?ù Ku-Bar-Sig	l'argent, l'or et le vêtement *Bar Sig*
ša ši-ip-(il)-sin	que Šep-Sin
a-na ṣulul-(il)-šamaš i-di-nu	à Ṣulul-Šamaš a livrés
5 ù ṣulul (il) šamaš	et que Ṣulul-Samaš
a-na ši-ip-(il)-sin i-di-nu	à Šep-Sin a livrés
Ta? Mu Ê-Me-Te-Ur-Sag[2]	depuis l'année où Emeteursag (etc.)
En-Na Mu Èš-Nun-Na(ki)A-Gal-Gal-La[3]	jusqu'à l'année où Tupliaš, comme une inondation,
Mu-Un-Gul-La	il a détruit,
10 rik-šit-šu-nu ga-me-ir	Leurs obligations sont exécutées.
a-ḫu-um e-li a-ḫi-im	L'un sur l'autre
mi-im-ma u-ul i šu	n'a pas de créance (litt. n'a rien).
ka-ni-kum ù nam-ḫar-tum	Tout contrat scellé ou reçu
ša ši-ip-(il)-sin	de Šep-Sin
15 i-na ga-ti ṣulul-(il)-šamaš	qui, entre les mains de Ṣulul-Šamaš
i-li-a-am i-ḫi-ip-pi	apparaîtra (litt. s'élèvera), sera brisé
ù ša ṣulul-(il)-šamaš	et < tout contrat scellé ou reçu > de Ṣulul-Šamaš
i-na ga-ti ši-ip-(il) sin	qui, entre les mains de Šep-Sin
i-li-a-am i-ḫi-ip-pi	apparaîtra, sera brisé,
20 i-zi-ib Ka-Lum ekallim (lim)	réserve faite des dattes du palais.
waraḫ nisanni um 30 (kam)	Mois de nisan, 30e jour,
Mu Èš-Nun-Na (ki) A-Gal-Gal-La	l'année où Tupliaš, comme une inondation,
Mu-Un-Gul-La[3]	il a dévasté.

1. La lecture *a-aš-šum* qui paraît imposée par le sens général du texte n'est pas conciliable avec la forme des signes du début de la ligne 1.
2. 36e année du règne d'Hammourabi.
3. 38e année du règne d'Hammourabi.

La tablette H.E. 135 a pour objet un règlement de comptes portant sur toutes les opérations commerciales intervenues au cours des deux années précédentes entre deux négociants dont l'un est Šep-Sin, que nous avons déjà rencontré souvent. Ces opérations paraissent avoir consisté en ventes réciproques de marchandises, qui ont été exécutées. Le prix était payé par voie de compensation et par versement d'argent et d'or. Il s'agit ici d'opérations de caractère privé, dans lesquelles Šep-Sin agit pour son propre compte, et non comme commissionnaire du palais, ou représentant de la corporation des marchands de Larsa. Les l. 9-12 nous prouvent en effet que les créances et les dettes engendrées par ces ventes ont pour sujet Šep-Sin lui-même. Aussi, son titre de *Pa-Damgar*, qu'il portait déjà dans H.E. 126, d'un an antérieur à H.E. 135, n'est-il pas mentionné ici. C'est, au contraire, à une opération faite en qualité de *Pa-Damgar*, que se rapporte probablement la réserve concernant les dattes du palais à la ligne 20. Le règlement de comptes, intervenu entre Šep-Sin et Sulul-Šamaš, ne s'applique qu'aux affaires dans lesquelles Šep-Sin est personnellement intéressé. Nous avons vu, précédemment, plusieurs textes, dans lesquels Šep-Sin achetait, ou recevait, des dattes provenant des domaines du palais, ou des temples, en qualité de *Pa-Damgar*.

Au point de vue de l'extinction des obligations contractuelles notre texte n'apporte pas d'indications nouvelles. Les obligations existant entre Šep-Sin et Sulul-Šamaš par suite des divers contrats ont pris fin par leur exécution (l. 4, 6 et 10). La destruction des titres de créance (l. 16 et 19) est toutefois stipulée pour prévenir toute réclamation ultérieure fondée sur ces titres. L'emploi du terme *namḫartum* = reçu, pour désigner un titre de créance est à retenir. Il confirme l'hypothèse suivant laquelle la vente de marchandises aurait été un contrat réel, à l'époque de la première dynastie babylonienne. L'obligation d'une des parties est engendrée par la dation exécutée par le co-contractant, de sorte que la preuve de cette dation se confond avec la preuve de la créance elle-même.

PRÊTS ET RECONNAISSANCES DE DETTES

H. E. 129

5 šiqlim kaspi	5 sicles d'argent
ša (I) i-nu-(il)-sin	que Inu-Sin
i-na babili (ki)	à Babylone

Ki še-ip-(il)-sin	de Šep-Sin
5 Šu-Ba-An-Ti	a pris.
i-na larsa (ki)	A Larsa
(I) i-din-(il)-enlil	Idin-Enlil
kaspam I-Lal-E	paiera l'argent.
Waraḫ ṭebiti	Mois de ṭebet,
10 Mu Sag ? Bi-Dù ?-A [1]	l'année où il a construit son faîte.

La tablette H. E. 129 constate un versement d'argent fait par Šep-Sin à Babylone et stipule que la somme versée lui sera remboursée à Larsa. Šep-Sin joue ici le rôle de banquier assurant le service d'un paiement sur une autre place. Notre texte ne nous donne aucune indication sérieuse sur les rapports juridiques existant entre Inu-Sin et Idin-Enlil. Le fait que le nom de ces deux personnages est précédé du déterminatif des noms de personne pourrait faire supposer que tous deux sont partie à l'opération, ce déterminatif étant en général réservé au nom des contractants et des témoins à l'époque de la première dynastie babylonienne. Deux hypothèses paraissent également plausibles : ou bien le paiement fait par Šep-Sin, à Babylone, est l'effet d'une délégation faite par Idin-Enlil au profit d'Inu-Sin, délégataire, ou bien Šep-Sin, ayant prêté 5 sicles à Inu-Sin, celui-ci aurait délégué Idin-Enlil, pour rembourser la somme empruntée.

H. E. 131

2 Gur Še Ki 1	2 *gur* de grain une première fois,
3 Gur Še Ki 2	3 *gur* de grain une deuxième fois,
bu-šu-um i-lí-ni-ši......	possession de Ili-niši.....
1 Gur Še i-lí-šu (il.).....	1 *gur* de grain Ilišu........
5 ša (giš) Gu-Za	du trône (?)
Šu Nigin 6 Gur Še Gur Lugal	Total 6 *gur* de grain mesurés au *gur* du roi
i-na E-Bar-Sag	dans l'Ebarsag
Šu-Ti-A (il) sin-u-ba ?-al ?	Sin-ubâl a pris.
Ki še-ip-(il)-sin	de Šep-Sin.
10 ... šu-mi-a-ni-ya id-di-nu-šum	...........il l'a donné (?)

1. La formule de l'année, assez mal écrite, est trop abrégée pour permettre une identification précise. Étant donné que Šep-Sin est partie au contrat on peut songer à y reconnaître la 36ᵉ ou la 42ᵉ année du règne d'Hammourabi dont les formules comportent les mêmes termes que nous trouvons dans H. E. 129.

a-na warḫi 1 (kam) Še Ì-Ram-E	Dans un mois, il livrera le grain.
maḫar li-bi-it ištar	Par devant Lipit Ištar,
maḫar i-na ša-me-e-(il)-nin....	par devant Ina-šamê-Nin....,
maḫar la-li-e	par devant Lalie.
15 waraḫ ululi um 30 (kam)	Mois d'ulul, 30ᵉ jour,
Mu sa-am-su-i-lu-na	l'année où Samsuiluna
Alam Bà-[Bà-Ne]	les statues orantes
(il) lamma Guš-Kin [1]	de dieux protecteurs enor <etc.>

H. E. 131 constitue un arrêté de compte après plusieurs prêts de grain
sconsentis par Šep-Sin à Sin-Ubâl, avec indication des divers greniers auxque
le grain a été pris. La ligne 10 reste inintelligible. Les créances nées de ces
prêts successifs sont novées en une créance totale de 6 *gur* à l'échéance d'un
mois.

H. E. 133

1 šiqlu 15 Še kaspı	1 sicle 15 grains d'argent,
¹/₃ šiqil Aš-Me	¹/₃ de sicle d'argent en disques,
61 ? 80 Še	61 *gur* 80 *qa* de grain
ša ê-ad-a-ni	d'Eadani
5 sipat-Bi ma-ka-lum	son intérêt : <celui du> quai ?
ša (il) šamaš	<argent et grain> que Šamaš
e-li gur-ru-ta-ša	sur Gurrutaša
In-Tuk	possède.
i-na ba-al-tu	Quand il sera en vie
10 u ša-al-mu	et en santé
(il) šamaš i-ip-pa-al	à Šamaš il restituera.
waraḫ waraḫsamni um 5 (kam)	Mois de waraḫsamnu, 5ᵉ jour.
Mu am-mi-di-ta-na Lugal-E	L'année du roi Ammiditana,
Mu Bil	l'année nouvelle
ša Egir [Mu Alam] Nam-Nun-Na-	après l'année où la statue de sa
Ni [2]	grandeur <etc.>

La tablette H. E. 133 s'apparente directement à un certain nombre de

1. 7ᵉ année du règne de Samsuiluna.
2. Malgré des lacunes, la formule de l'année paraît être celle de l'année nouvelle après
la 5ᵉ année du règne d'Ammiditana, par conséquent la 6ᵉ année de ce règne.

textes déjà connus qui rapportent une forme particulière des prêts consentis par les temples de Šamaš[1]. Dans ces textes comme dans H. E. 133 un acte de prêt d'argent ou de grain se termine par la clause suivante : *ina balṭu u šalmu (il) Šamaš ipâl*. Meissner[2] avait interprété cette clause comme signifiant que la chose empruntée doit être rendue fidèlement, en qualité et en quantité. Cette traduction, quoique adopté par Schorr[3], ne paraît point acceptable. *Balṭu u šalmu* ne doivent pas être entendu dans le sens métaphorique, mais dans le sens littéral « en vie et en bonne santé ». Cette dernière interprétation, proposée par le P. Scheil[4], a été adoptée depuis par tous les auteurs[5]. Mais, une controverse existe sur la portée juridique exacte de cette clause. Selon Koschaker[6], le prêt constaté par ces textes serait purement fictif, servant à créer une obligation juridiquement efficace à la charge d'un malade, qui fait le vœu de donner à Šamaš la quantité de grain ou d'argent, qu'il est censé avoir empruntée, si le dieu lui rend la santé. Ici, le vœu serait juridiquement réalisé par une fiction, au lieu de l'être par une reconnaissance de dette ordinaire comme il l'est dans H. E. 147 que nous étudierons plus loin. Pour le P. Scheil, au contraire, les prêts contenant cette clause ne sont nullement fictifs, mais constituent des secours accordés à des malades pauvres, qui s'engagent à restituer l'argent ou les grains reçus, s'ils reviennent à la santé. Les temples de Šamaš joueraient à cet égard le rôle d'établissements de bienfaisance. Cette interprétation paraît plus logique, car on s'expliquerait mal l'emploi d'une fiction, du moment qu'il était possible de faire naître directement l'obligation, sans recourir à ce détour. Koschaker rejette l'opinion du P. Scheil, parce que, dit-il, l'idée d'une assistance aux pauvres, assurée par les temples babyloniens, le laisse sceptique. Cet argument, fondé uniquement sur une impression, paraît assez faible. En tout cas, l'hypothèse du vœu, contracté sous forme de prêt fictif, ne peut se concilier avec la ligne 5 de H. E. 133. Il est dit, dans cette ligne, que le débiteur devra payer un intérêt qui sera l'intérêt du quai, c'est-à-dire calculé au taux habituellement pratiqué par la corporation des marchands. Si l'obligation, contractée dans notre texte, avait pour cause véritable un vœu, on aboutirait au résultat invraisemblable que voici : Le malade qui demande à Šamaš sa guérison, s'engage à payer au

---

1. M. 9 H. Ges. III 164, M 21 H. Ges. III 187, Scheil, *Saison de fouilles à Sippar* 76 H. Ges. III 189, Scheil, R. A., XIII, p. 131, H. Ges. VI 1540, C2, n° 215.

2. M., p. 107-108 et traduction des n° 9 et 21.

3. U. A. R., p. 69-70, et également Kohler et Ungnad, H. Ges. III, p. 238.

4. R. A., XIII, p. 130 et s.

5. Cuq, *Mémoires de l'Académie des Inscriptions*, t. 41, p. 183 ; Koschaker, H. Ges. VI, p. 46-47. Landsberger (*Zeitschrift für Assyriologie* 1923 (t. XXXV) propose de traduire par « vivant et solvable ». Mais il paraît bien inutile de stipuler que le débiteur ne paiera que s'il le peut et l'interprétation littérale de *šalmu* paraît préférable.

6. H. Ges. VI, p. 46-47.

dieu l'intérêt habituel pendant tout le temps que durera sa maladie. Il devra donc payer d'autant plus que le dieu aura tardé plus longtemps à exaucer sa prière. Cette objection me paraît suffisante pour écarter l'hypothèse de Koschaker et adopter l'opinion du P. Scheil, qui se concilie sans difficulté avec la stipulation d'intérêts.

Le mot *makulum* qui termine la ligne 5 est le même que *makallu*, synonyme de *karu*[1]. Nous avons déjà vu dans H. E. 130 une vente de dattes conclue « au prix du quai ». De telles références au cours des denrées et au loyer de l'argent pratiqués par la corporation des marchands d'une ville sont assez fréquentes et témoignent de l'importance et de l'activité du rôle joué par ces corporations dans la vie économique de la Babylonie ancienne.

H. E. 136

	4 šiqlim kaspi	4 sicles d'argent
	Ki še-ip-(il)-sin	de Šep-Sin,
	(I) u-ba-a-a-tum	Ubayatum
	Šu-Ba-An-Ti	a pris.
5	waraḫ simani kaspam Ì-Lal-E	Au mois de siwan, il paiera l'argent.
	Kišib-A-Ni Ib-Ra	Il a apposé son sceau.
	waraḫ addari	Mois d'addar,
	Mu Kilib Gú-Dá-A-Bi[2]	l'année où la totalité des ennemis <etc.>

H. E. 138

	²/₃ šiqlim 15 Še kaspi	²/₃ de sicle 15 grains d'argent
	e-li a-ba-a	sur Abay
	(I)[3] (il) šamaš	Šamaš
	In-Ṭuk	possède.
5	waraḫ simani um 30 (kam-ma)	Au mois de siwan, le 30ᵉ jour
	kaspam Ì-Lal-E	il paiera l'argent.

1. Delitzsch A. H. W., p. 328.

2. 39ᵉ année du règne d'Hammourabi.

3. Le déterminatif des noms de personne précédant *(il) šamaš* peut être interprété de deux façons différentes. Le scribe habitué à placer ce signe avant le nom des parties contractantes n'a pas pris garde qu'il n'était pas d'usage de mettre ce déterminatif devant les noms de divinités. Mais il a pu aussi par étourderie abréger le nom du prêteur de même qu'il a abrégé la date en omettant la formule de l'année. Dans ce cas le prêteur serait, non plus le temple de Šamaš, mais un simple particulier.

maḫar ilu-li-du-ul	Par devant Ilu-liṭul,
maḫar [1] šamaš ir-ḫu-um	par devant Šamaš-irhum
waraḫ aiari um 5 (kam)	Mois d'Ayar 5e jour

Au contraire des textes précédents, qui contiennent des contrats de prêt, H. E. 138 a pour objet une reconnaissance de dette abstraite, avec clause de paiement à date fixe. C'est probablement cette sorte d'acte qui est désignée par le terme *ḫišu*, dans le texte publié par M. Thureau-Dangin, R. A., VII, p. 125.

H. E. 140

1 $^1/_3$ šiqil kaspi	1 sicle $^1/_3$ d'argent
Gar-Ra na-pi-iṣ-ma [2]	façonné et battu,
ša še-ip-(il) sin Dam-Gar-Meš [3]	que Šep-Sin, marchand (?)
e-li li-ib-lu-uṭ	sur Libluṭ
5 mâr gimil i-li-ya	fils de Gimil-iliya
i-šu-u	possède.
waraḫ ṭebiti um 22 (kam)	Mois de ṭebet 22e jour.
Mu E-Mêš-Lam [4]	L'année où Emešlam <etc.>

La tablette H. E. 140 est rédigée suivant le formulaire habituel des reconnaissances de dettes. Cependant les indications données au sujet du lingot d'argent, que devra rendre Libluṭ, permettent de supposer qu'il s'agit peut-être d'un louage d'ouvrage. Šep-Sin, ayant sur un orfèvre une créance, convient qu'il lui rendra un lingot d'argent façonné de manière particulière.

1. Omission par négligence du déterminatif des noms divins *ilu* qui devait précéder le nom de Šamaš.

2. Il s'agit probablement d'un lingot d'argent façonné au marteau. Cf. *nipsu* de la même racine et employé dans le même sens dans Delitzsch A. H. W., p. 465.

3. Le signe du pluriel *Meš* accolé à *Damgar* paraît au premier abord être une étourderie du scribe. Dans un texte de la même année (*infra* H. E. 139) nous voyons attribuer à Šep-Sin le titre de *Pa-Damgar*, titre que portait ce personnage pendant les dernières années du règne d'Hammourabi comme nous l'avons remarqué plus haut (Cf. *supra*, p. 40). Faut-il supposer que *Damgar-meš* aurait équivalu à *Pa Damgar* dont la lecture sémitique exacte nous est encore inconnue ?

4. Formule d'année non identifiée que l'on trouve dans G. 62 (H. Ges. V 1376) et, un peu plus développée dans H. E. 139 reproduite plus loin. Elle ne doit pas être confondue avec les 6e ou 15e années du règne d'Apil-Sin dont la formule commence de la même manière. La présence de Šep-sin dans H. E. 139 et 140 et le titre qui lui est donné permettent de la localiser approximativement dans les dernières années du règne d'Hammourabi.

H. E. 141

2 šiqlim 20 Še kaspi	<Au sujet de> 2 sicles 20 grains d'argent
(I) ilu-na-și-ir	<dus par (?)> Ilu-nașir
ù ra-bi-ì-lí	et Rabi-Ili
(I) še-ip-(il) sin	<et que> Šep-Sin
5 u-ul i-di-e-ma	ne connaît pas
(I) ib-ku-ilabrat	Ibqu-Ilabrat,
ana warḫi 1 (kam)	dans un mois
a-na še-ip (il) sin i-na-ad-di-in	<les> donnera à Šep-Sin.
Mu sa-am-su-i-lu-na In-Pad	Par le nom de Samsuiluna il a juré.
10 warah eluli um 2 (kam)	Mois d'Elul, 2e jour,
Mu Ìd sa-am-su-i-lu-na	l'année où le canal Samsuiluna
Na-Ga-Ab-Nu-Ḫuš [1]	Nagabnuhuš

L'interprétation de H. E. 141 ne saurait être que conjecturale, par suite de l'obscurité du texte. Cette obscurité résulte en premier lieu de la tournure très elliptique employée dans les deux premières lignes. De plus, la clause *Šep-Sin ul idiema* paraît étrange. Si, comme il semble probable, Šep-Sin est le créancier, il est malaisé d'admettre qu'il ignore l'existence de sa créance. On pourrait peut-être proposer l'interprétation suivante. Ibku-Ilabrat est débiteur de Ilu-nasir et de Rabi-ili. Ceux-ci le chargent de payer une certaine somme à leur propre créancier Šep-Sin, qui n'est pas au courant de cette opération. Le serment inséré à la ligne 9 est absolument exceptionnel dans les actes de prêt. Peut-être, a-t-il ici pour but de donner une valeur juridique à la promesse faite par Ibku-Ilabrat. En effet, Šep-Sin n'étant pas partie à l'acte, celui-ci peut s'analyser en une stipulation pour autrui, dont la valeur juridique, en droit babylonien, paraît peu vraisemblable. Tout comme dans H. E. 124, l'effet du serment promissoire serait ici de donner force obligatoire à un engagement qui, par lui-même, n'aurait pas été sanctionné par le droit commun.

1. 3e année du règne de Samsu-iluna.

H. E. 147 (cf. Scheil, R. A., XII, p. 68.)

1/3 ma-na 5 šiqlim kaspi mi-it-ḫa-ru- um	1/3 de mine 5 sicle d'argent.....
e-li(I) i-din ištar	sur Idin Ištar
(il) šamaš In-Tuk	Šamaš possède
i-nu-u-ma ri-ma-am	Lorsque la grâce
5 (il) šamaš ir-ta-šu-šu-ma	de Šamaš s'emparera de lui,
ta-a-a-ra-tim	<lorsque> le retour de faveur
ša (il) šamaš i-ta-am·ru	de Šamaš il verra,
i-na ga-ti-šu kaspi it-ta-ab-šu	dans sa main l'argent se trouvera.
kaspam lib (il) šamaš Lugal-A-Ni Al-Dug	Pour l'argent le cœur de Šamaš, son maître sera satisfait
10 Kišib-A-Ni Íp-Ra	Il a apposé son sceau,
waraḫ abi um 20 (kam)	Mois d'ab 20e jour
Mu Íd sa-am-su-i-lu-na Lugal	L'année où le canal Samsuiluna- lugal-
Na-Ga-Ab-Nu-Huš	Nagabnuḫuš
Mu-Un-Ba-Al[1]	il a creusé

La signification juridique de H. E. 147 a été déterminée par le P. Scheil, son
premier éditeur, dans la *Revue d'Assyriologie*, XII, p. 68. L'obligation contractée par Idin-Ištar et rapportée par notre texte résulte d'un vœu conditionnel
fait à Šamaš. Cette modalité de l'obligation n'est d'ailleurs exprimée que de
façon imprécise sans qu'on puisse savoir la nature du retour de faveur que
Idin-Ištar attend de Šamaš. Néanmoins l'engagement est pris dans les formes
ordinaires des contrats de droit privé, y compris l'apposition du sceau. Les
fonctionnaires du temple pouvaient ainsi contraindre par la voie judiciaire,
Idin Ištar à l'exécution de son vœu.

H. E. 210

3 Gur (Še) nisaba..... la Giš	3 *gur* de *nisaba* à huile
Ki e-ri-ib (il) sin	d'Erib-Sin
(I) ḫi-ni-ya	Ḫiniya
Šu-Ba-An-Ti	a pris.

1. 3e année du règne de Samsuiluna.

5 mu-du eburi	Lors de la récolte,
še-am Ì-Ram-E	il livrera le grain.
maḫar awil-(il)-adad	Par devant Awil-Adad
maḫar da-an-(il)-amurru	Par devant Dân Amurru
waraḫ addari um 26 (kam)	Mois d'Addar 26ᵉ jour
10 Mu Alam-Bà-Ne (il) šamaš	L'année où la statue orante de Šamaš (?)
Guškin [1]	en or

H. E. 211

10 Še (giš) Ia zi-ra-ni	10 *q a* de sésame pour la semence (?),
e-zu-ub-bi ta-bi...............	indépendamment de............·,
Ki a-wi-li-ya	d'Awiliya
(I) (il) iš-ta-ar	Ištar-
5 sa-am-tum	samtum
Šu-Ba-An-Ti	a pris.
Mu-Sag-Du Še (giš) Ia	Au commencement de l'année <prochaine> le sésame
zi-ra-ni	pour la semence.
u-ta-ar	il rendra
10 waraḫ abi um 3 ? (kam)	Mois d'ab, 3ᵉ jour,
Mu..........................	l'année........................

H. E. 212

120 ? qa ? ša ili ? šu-šu-mu-ru-um ?	120 *qa* de Ilišu-šumurum
iš-tu še-am ša i-na 1 Gur-Sag-Gál	Dès que le grain mesuré au *Gur-Sag*
ša (il) šamaš eli be-el-šu-nu i-šu-u	que Šamaš possède sur Bel-šunu
(il) šamaš i-pu-lu	Šamaš eut réclamé
5 1. 85 qa ? Še	1 *gur* 85 *qa* de grain
a-na (il) šamaš u-še-ri-ib	il a fait entrer dans le grenier de Šamaš.
i-na um eburi	Au jour de la récolte

1. La formule de l'année paraît être celle de la 6ᵉ année du règne de Samsuiluna, déformée par une écriture défectueuse. Dans *Ka* + *Su* = *Bà* le deuxième signe est omis. A la fin de la ligne *Šamaš* est écrit pour *lamma* par omission d'un trait vertical dans le corps du signe.

i-na še-im ša i-ib?-ba?-šu	sur le blé qui se trouvera
a-na (il) šamaš-Šu iḫ-ḫa-ra·aṣ	<ce premier versement> sera défal-
	qué à Šamaš.
10 waraḫ tešriti um 23 (kam)	Mois de Tešrit 23e jour
Mu Bil	L'année nouvelle
Egir Mu? Eš-Bar-Maḫ	après l'année où l'éminente décision
Dingir? Gal-Gal-La [1]	des grands dieux <etc.>

La lecture de la première ligne, très conjecturale, ne se relie en rien à la suite du texte. Celle-ci un peu moins obscure peut s'analyser de la façon suivante. Bel-šunu, débiteur du temple de Šamaš, n'a pu payer qu'un acompte lorsque sa dette est venue à échéance et que le temple lui a demandé paiement. Le reste de sa dette sera payé à la récolte, déduction faite du premier versement.

H. E. 218

Igi 6 Gàl kaspi	1/6 <de sicle> d'argent
ša ri-bu-um (il) šamaš	de Ribum-Šamaš.
a-na warḫi 1 (kam)	Dans un mois
(I) awil-(il)-adad	Awil Adad
5 kaspam..... (il) šamaš	l'argent <à Ribum> Šamaš
Ì-Lal-E	paiera
waraḫ waraḫsamna um 1 (kam)	Mois de waraḫsamnu, 1e jour
Mu Íd sa-am-su-i-lu-na	l'année où le canal Samsuiluna.
Ḫe?-Gal? Mu-Un-? Ba-Al??	ḫegal il a creusé

H. E. 220

.................25 1/2 Ia-Giš	...........25 qa 1/2 d'huile
eli na-bi-i-li-šu	sur Nabi-ilišu
(I) a-bil (il) amurru	Abil-Amurru
i-šu-u	possède
5 a-na warḫi 2 (kam)	Dans deux mois
Ia-Giš Ì-Ram-E	il livrera l'huile.

1. 4e année du règne d'Ammiditana.
2. 4e année du règne de Samsuiluna; mais la lecture de la dernière ligne est très incertaine.

waraḫ warḫsamna	Mois de waraḫsamna,
um 10 (kam)	10e jour,
Mu (giš) Tukul Šu-Nir [1]	l'année où l'arme *maṣrahu* <etc.>

LIVRAISONS ET PAIEMENTS

H. E. 104

20 ma-na (giš) Erin	20 mines de bois de cèdre
10 Ia-Sag	10 *qa* d'huile de première qualité
10 Ia (giš) Erin	10 *qa* d'huile de cèdre
a-na ku-ut-ri-na-tim	pour brûler comme parfums (litt. pour faire fumer)
5 lib uri (ki) ma	dans Ur
Šu-Ti-A nam-sib-ni-dug	Namsibnidug a pris.
Gir (il) sin-ma-gir	Contrôleurs. Sin magir
awil šu-ma-at	<et> Awil šumat
Ki nu-ur-i-lí-šu	De Nûr-ilišu
10 Ba-Zig	il a pris livraison.
waraḫ adari um 5 (kam)	Mois d'adar, 5e jour
Mu Ki 2 (giš) Tukul Maḫ Ana (il) en-lil (il) sin Bi Ta	La deuxième année après que par l'arme puissante d'Anu, d'Enlil et de Sin
i-si-in (ki) Uru Nam-Lugal-La	Isin, ville de la royauté
ù A-Dam Aš-Aš A-Na-Me-A-Bi	et toute sa population
15 In-Dib-Ba [2]	il a pris

La livraison de produits odoriférants, constatée dans H. E. 104, est probablement une opération administrative comme le montre l'intervention d'un *Gir* et probablement de deux, le nom porté à la ligne 8 étant précédé d'un espace vide dans lequel aurait dû être reproduite l'indication qui figure immédiatement au-dessus. Cette mention de deux *Gir*, non plus que celles que l'on trouvera dans les textes suivants, n'ajoute rien au peu que l'on sait sur la signification de ce titre, si souvent employé dans la comptabilité administra-

1. 7e année du règne de Samsuiluna.
2. 21e année du règne de Rim-Sin.

tive. Le nom du personnage qui reçoit livraison peut-être complété, grâce au sceau qui est roulé sur toutes les faces de la tablette. Son énoncé complet est (il) Rim-Sin Namsibnidug, littéralement : « Le règne de Rim-Sin est heureux. »

H. E. 105

51 Še-Gur	51 *gur* de grain
(I) (il) šamaš-šadi-šu	à Šamaš-šadišu
18 Še-Gur	18 *gur* de grain
(I) šad-di ištar	à Šaddi-Ištar
5 Giš-Ba er-bi Pa-Te-Si É-Gal	part de revenu du *Patesi* du palais,
ša ap-lum mâr ṣa-ma-ili-ya	desquels Aplum fils de Ṣama-ilīya
ka-ni-ki-šu-nu	leurs tablettes scellées
a-na ši-ip-(il)-sin Pa Dam-Gar	à Šep-Sin chef des marchands
u-ba-lam	apportera.
10 waraḫ tešriti um 8 (kam)	Mois de tešrit 8ᵉ jour
Mu ḫa-am-mu-ra-bi Lugal E	L'année où le roi Hammourabi
(il) taš-me-tum Ka Šàg-Sàg-Ga-A ¹	Tašmetum sa prière ⟨etc.⟩

Les livraisons de grains mentionnés dans H. E. 105 sont probablement faites pour le compte du palais comme l'indique le titre de *Pa Damgar* pris dans cet acte par Šep-Sin et l'origine des grains livrés indiquée dans la ligne 5. Le sens exact de celle-ci est d'ailleurs difficile à déterminer. Le titre de *Patesi* s'appliquait certainement, au moment où notre texte fut rédigé, à des fonctionnaires d'un rang bien inférieur aux *Patesi* de l'époque archaïque. Dans le cas présent, on peut conjecturer que ces fonctionnaires recevaient une dotation en terres, ou un traitement payé en céréales. Mais il est également possible que la ligne 5 ne doive pas être interprétée au sens littéral et se rapporte à une source quelconque des revenus du palais, qui aurait gardé une dénomination ne correspondant plus à une réalité effective. La mention des reçus scellés à la ligne 7 nous montre que ces livraisons de grains, même si elles sont faites pour le compte du palais, ne sont pas de pures opérations administratives comme les distributions de denrées aux fonctionnaires. Mais il n'est pas possible de savoir quelles opérations de droit privé, paiements, prêts ou livraison de marchandises vendues, justifient ces livraisons.

---

1. 41ᵉ année du règne de Hammourabi.

H. E. 106

a-na a-bi-ya	A mon père
ki-bí-ma	parle
um-ma nannar ma-a-ni i-lu-ma	Nannar-mâni-ilu.
(il) šamaš ištar? ê-a ù (il) nin-gal-nun-na	Que Šamaš, Ištar, Ea et Ningal-nunna
5 aš-šum bi-it a-bi-ya	à cause de la maison de mon père
a-na da-ri-a-tim? li-ba-al-li-tu-ka	te fassent vivre à jamais
a-na babili (ki) ni-na-ku?...ni-ma	A Babylone nous................'.
mu-ru-uṣ li-ib-[bi]-ka	Le chagrin de ton cœur
tu-še-li-a-am-ma	chasse (litt. enlève)
10 li-ib-ba-ka u-na-pi-iš	Je veux récréer ton cœur
ú ki-a-am ak-bi-kum	et ainsi je t'ai dit
um-ma a-na-ku-u-ma	moi : «
(I) (il) šamaš li-ib-lu-uṭ	Šamaš-libluṭ
du-ur-dam-ma	fais amener <chez moi>
15 ša 1/3 šiqlam kaspi	afin que pour 1/3 de sicle d'argent
Ia-Giš lu-ša-bi-la-ak-kum	d'huile je te fasse porter. »
aṣ-ṣu-ur-ma u-ul ta-aš-pu-ra-am	J'ai attendu ! tu n'as pas envoyé
ù a-na dur gurgurri (ki)	et à Bad-tibira
a-na zu-ti-ya ša-ga-li-im	pour payer mon approvisionnement
20 al-li-kam-ma	je suis allé
(I) en-dug-ga-ni-maḫ ki-a-am	[Par ?] Enduggani-maḫ ainsi
aš-pu-ra-ak-kum um-ma a-na-ku-ma	je t'ai mandé, moi
šu-up-ra-am-ma Ia Giš an-ni-a-am	« Envoie; cette huile
li-il-ku-ni-ik-kum	qu'on prenne pour toi ».
25 u-ul ta-aš-pu-ra-am	Tu n'as envoyé [personne]
am-mi-ni mu-ru-uṣ	Pourquoi le chagrin
li-ib-bi-im [dan ?]-nu-um	de [ton] cœur est-il violent
ik-ki? da-an-ni	....
..........an-na iš-tu i-na-an-na	..............depuis máintenant
30 warḫi 2 (kam) (I) (il) šamaš li-ib-lu-uṭ	Dans deux mois que Šamaš-libluṭ
li-il-li-kam-ma	vienne
Ia Giš ša ub-ba-lu	L'huile qu'il emportera
lu-ša-bi-la-ak-kum	qu'il te fasse apporter
uma (ma) 11 qa ? Ia-Giš a-na pi-iš	Ce jour-là 11 *qa* (?) d'huile pour son

ša-ti-šu	onction
35 ta-la-pa-tu	tu prépareras

Le contenu de la tablette H. E. 106 ne présente au point de vue juridique qu'un intérêt restreint. Il suffit de signaler l'emploi à la ligne 19 du mot *zutu* que nous avons déjà rencontré dans H. E. 137 et 266. L'avant-dernière ligne paraît indiquer que l'huile dont la livraison est l'objet de la lettre était destinée à l'exercice des fonctions de *pašišu*, charge sacerdotale vénale souvent mentionnée dans les textes de la première dynastie babylonienne.

H. E. 134

2 Gur Ka-Lum-Ma	2 *gur* de dattes
Šu-Ti-A	a pris
(šal?) wa-qar-tum	Waqartum
it-ti (il) nin-ili-šu (il) šamaš	de Nin-ilišu-Šamaš
5 Gír lu-ub-lu-uṭ ilu	Contrôleur Lublut-ilu

H. E. 139

1 ma-na kaspi	1 mine d'argent
lib? kaspi? Šam ù tab?-ti Dam-gar	sur l'argent de l'achat et.....des marchands
ša Kara larsa (ki)	du quai de Larsa
mu-du še-ip (il) sin Pa Dam-[Gar] larsa	apport de Šep-Sin, chef des marchands de Larsa,
5 Nig-Šu (il) marduk na-ṣi-ir [mâr šakkanaki?]	affaire relevant de Marduk naṣir, fils du šakkanak
nam-har-ti (il) šamaš [la-ma] ¹-ṣa šu	reçu par Šamaš-lamaṣašu
mu-ša-ad-di-nim	agent chargé de la vente
Gir (il) sin i-tu-ra-am	Contrôleur : Sin ituram
Dam-Gar	marchand
10 waraḫ kisillimi um 15 (kam)	Mois de kislev, 15ᵉ jour
Mu Ê-Mêš-Lam Sag-bi Mu?-Un-Dù? [A] ²	l'année où il a construit (?) le sommet de l'Emešlam

1. La lacune présentée par le texte de la tablette peut être complétée par la première ligne du sceau.

2. Voir sur cette formule d'année la tablette H. E. 140, n. 2 et 3. Le sceau apposé sur la

La tablette H. E. 139 constate un paiement par Šep-Sin, chef de la corporation des marchands de Larsa, pour le compte de celle-ci. D'après la deuxième ligne, on peut conclure qu'il s'agit là d'un acompte sur le prix d'une vente. Mais l'objet de la vente n'est pas précisé et rien n'indique que la livraison soit faite. Il est possible que, comme dans H. E. 113, le paiement soit effectué d'avance en vue d'achats ultérieurs. La ressemblance entre H. E 111 et 113 et notre texte est manifestée par la ligne 5 de H. E. 119 où nous retrouvons le même Marduk naṣir avec la même mention énigmatique *Nig-Šu*. Une autre ressemblance résulte de ce fait que, suivant toute apparence, le vendeur est le palais. Le *muśaddinum* se trouve dans R. 80 et dans C. T. VI 37 c ; dans ce dernier texte il est suivi du mot *ekallim* = palais. Il s'agit donc là d'un fonctionnaire du palais chargé des ventes, comme l'indique son nom. Le *Gir* est ici un marchand. Peut-être, si on admet pour ce titre le sens conjectural de « contrôleur », faut-il y voir le comptable de la corporation des marchands, chargé des écritures concernant la caisse commune.

H. E. 208

a-na ša-bi-ri-ni [1]	A notre intendant
ki-bi-ma	parle
um-ma gu-ru-rum	Gururum,
(I) a-di-du-um ù ma-du-tum	Adidum et plusieurs autres. «
5 (il) šamaš ù (il) marduk	Que Šamaš et Marduk
li-ba-al-li-tu-ka	te fassent vivre.
aš-šum na-pu-ṣa-tim [2]	Au sujet du métal travaillé
ša ta-aš-pu-ra-am-ni-ši	que tu nous a envoyé
na-aš-pa-kam [3] u-ul............	le magasin..............
10 aš.................... na-ni-ši	.... nous.
um-ma nu-ur-(il)-šamaš	[a dit] Nûr-Šamaš.
a-na-ka na-aš-pa-kum i-li? tu...	Le plomb, le magasin...........

tablette porte à sa troisième ligne la mention *warad Ḫa-am*... qui confirme la conjecture faite à propos de H. E. 140 localisant cette année vers la fin du règne d'Hammourabi.

1. Sur le double sens de *šapiru* = « intendant » et « supérieur hiérarchique » et son interprétation quand il est placé dans l'adresse d'une lettre et suivi du suffixe possessif de la 1ʳᵉ personne, cf. Walther, *Das altbabylonische Gerichtswesen*, p. 136 et s. Ici le texte de la lettre ne fournit aucune indication permettant de choisir entre ces deux sens.

2. Probablement ce mot est de même racine que *napiṣu* dans H. E. 140. L'idée de métal façonné concorde avec la mention du plomb à la ligne 12.

3. Ce mot peut également signifier « grande jarre ».

a-na na-pu-ṣa-tim-mu ?   pour le métal travaillé
lib...................................u-ul ....

PROCÉDURE ET ADMINISTRATION

H. E. 119

	a-na ni-me-lam ? ki-bi-ma	A Nimelam parle
	um-ma i-bi (il) sin-ma	Ibi-Sin : «
	(il) šamaš (il) marduk ù (il) ezin ba-ni-ka	Que Šamaš, Marduk et Ezin ton créateur
	aš-šum-ya da-ri-iš umi (mi)	à cause de moi pour l'éternité des jours
5	li-ba-al-li-tu-ka	te fassent vivre
	maḫ-ri-ka an-ni-a-tum	Devant toi cela
	am-mi-ni in-ni-ip-ša	pourquoi s'est-il fait ?
	ù am-mi-ni tu-uš-ta-din	et pourquoi as-tu livré
	a-wi-íl-tum ša u-ṣi-a-am	la femme qui est partie,
10	am-a-at šar-ri-im	la servante du roi ?
	ù a-na li-ki-ya ka-li-a-at	Et la voilà empêchée d'être adoptée (litt. prise) par moi
	a-[ak]-la-'a a-na li-ki-ya	J'ai été empêché dans mon dessein de l'adopter,
	a-ak-la-'a.....................	j'ai été empêché..................
	u-ul i-di-ka ? a ?-an	Je ne sais......................
15	ša na-pi-i-iš-tim ? za-aḫ ?-ri-tim	car sa santé est mauvaise (litt. petite)
	aš-šum (il) šamaš	Par Šamaš,
	wi-iš-ti wi-ša-at-ka	que mon souci [soit] ton souci
	ù ṣa-bu-ur-ti ṣa-bu-ur-ta-ka	et que ma peine [soit] ta peine.
	ᵃp-pu na-ma na-pi-iš-tú	Vraiment (?) [sa] santé
20	i-ṣi-id da an-ni-[iš ?]	est fortement enfiévrée (?)
	ba-lum emug ?-ga ? it-ta-ṣi-a-am	Elle est partie sans force.
	(I) be-el ba-ni	Bel-bani
	ša a-na i-ḫi-ya-um	qui à Iḫiyatum
	iš-pu-ru-ma	a écrit,
25	wa-ṣa-ša iq-bu-u	a ordonné son départ.
	ki-bi-šum i-ma-ga-ar-ka	Parle-lui, qu'il s'entende avec toi

a-na (il) šamaš ù (il) ezin	Par Šamaš et Ezin
ki-a-am a-ga-bi um-ma a-na-ku-ma	je parle ainsi, moi :
a-ḫa-am ar-ši-i-ma	J'avais un frère
30 wa-ar-ka-ti u-ul i-pa-ra-aṣ	[qui] ne comprend pas ma pensée
ù a-la-ak-ti	et [qui] mes raisons
u-ul iš-ten-i-'i	ne saisit pas.
i-na ši-ri-ya la ṭa-bi-im	Ce qui m'est pénible,
mi-nam te-el-ḳi	pourquoi le choisis-tu ?
35 šum-ma ki-bi-it ekallim (lim)	Si c'est l'ordre du palais
šu-up-ar-am-ma ù nu ?-uḫ ?-ḫa	écris [le moi] et ne fais rien.
šum-ma la ki-bi-it ekallim a-na i-ḫi- ya-tum	Si ce n'est pas l'ordre du palais à Iḫiyatum
ki-bi-ma lit-it-ru-u-ši	dis qu'il la ramène.

La lettre écrite par Ibi-Sin et contenue dans H. E. 119 donne quelques indications juridiques intéressantes, mais malheureusement très obscures. Ibi-Sin avait auprès de lui une servante du roi. La cause en vertu de laquelle il avait cette esclave en sa possession n'est pas indiquée. Il est probable qu'elle n'avait pas de fondement juridique bien solide, puisque Ibi-Sin conseille prudemment à son correspondant de ne point faire de réclamation, si l'ordre de reprendre cette esclave a été donné par le palais même. Si cet ordre est dû à l'initiative de Iḫiyatum, qui est probablement un fonctionnaire local, Nimelam devra chercher par un accord amiable à obtenir la restitution de l'esclave. Les motifs invoqués par Ibi-Sin pour obtenir cette restitution sont d'ordre purement sentimental. La servante était malade. De plus Ibi-Sin voulait l'adopter. C'est du moins ce qui ressort de l'emploi répété du verbe *laqû* aux lignes 11 et 12. Nous avons vu, en effet, dans H. E. 120, que ce verbe, ou son équivalent sumérien *Šutia*, était le terme technique employé pour indiquer que l'adoptant prend l'adopté pour fils. Mais quelle pouvait être la valeur d'une adoption d'esclave, faite par une personne qui n'avait pas qualité pour affranchir l'adopté?.

H. E. 122 (cf. Scheil, R. A, XV, p. 140)

a-na a-wi-lim ša (il) adad	A Awilim, qu'Adad
u-ba-al-la-tu-šu	fait vivre,
ki-bí-ma	parle
um-ma ib-ni [(il)] adad-ma	Ibni Adad :
5 (il) šamaš (il) adad da-ri-iš [umim]	Que Šamaš et Adad pour l'éternité des jours

li-ba-al-li-tu-ka — te fassent vivre.

(I) še-ip (il) šamaš — Šep-Šamaš

ki-a-am iq-bi-a-am um-ma-šu-ma — a parlé ainsi, lui : «

(reš) amtum ša enu-ša (il) šamaš a-hi-ya — Une servante d'Enuša Šamaš, mon frère

10 i-na dur-gurgurri (ki) — à Bad-tibira,

i-na ḫi-iš-ša-tim il-li-ki — en servitude pour dettes, est allée.

(I) [(il)] šamas li-wi-ir Dam-Gar — Šamaš liwir, le négociant,

il-li-kam-ma um-ma-šu-ma — est venu et a dit, lui : «

(reš) amat-ka — <au sujet de> ta servante

15 ša i na ḫi-iš-ša-tim il-li-ki — qui est allée en servitude pour dettes,

5 šiqlim kaspi id-nam-ma — donne 5 sicles d'argent

(reš) amat-ka lu-pa-di-ra-ak-kum — pour que je libère ta servante. »

ki-a-am iq-bi-a-am — Il a parlé ainsi.

ḫu-ul-lam ḫuraṣi ad-di-in-ma — J'ai donné un *hullu* d'or

20 (reš) amtum a-[šar] il-li-ku-ma a·na ṣi-bi-ti-ša — La servante, là où elle est allée, dans sa captivité

im-tu-ut — est morte

ù a-li-ik-šum-ma ḫu-ul-lam ḫuraṣi — et j'allai à lui. Le *hullu* d'or

u-ul u-te-ir-ra-am — il n'a pas rendu.

ki-a-am iq-bi-a-am — Il a parlé ainsi.

25 a-wa-a-ti-šu a-mur ?-ma — Vois son affaire.

šum-ma awatum i-dam-i-šu — Si l'affaire le demande,

be-el a-wa-ti-šu — son adversaire

a-na ṣi-ri-ya tu-ur-dam — fais venir devant moi

La tablette H. E. 122 qui a été étudiée par le P. Scheil, son premier éditeur, et par Lautner [1], est essentiellement une pièce de procédure. Ibni Adad qui paraît être un haut fonctionnaire envoie à un personnage désigné à la première ligne par le mot *Awilum*, commission d'instruire un procès, de régler l'affaire s'il le peut et, sinon, de lui envoyer le défendeur. Nous avons déjà rencontré dans H. E 107 une lettre également adressée à Awilim. Dans le cas présent l'opinion de Lautner suivant laquelle ce terme aurait le sens de « notable, juge municipal », paraît peu admissible. Si *Awilum* était un nom de fonction l'auteur de la lettre aurait précisé, soit le nom du titulaire, soit la ville dans laquelle cette fonction était exercée. De même l'opinion de Walther [2], qui voit dans *Awilum*, placé seul en tête d'une lettre, une appellation honorifique, se rapportant au rang social du destinataire, paraît douteuse dans le cas présent. Le

1. *Die richterliche Entscheidung*, p. 75, n. 224.
2. *Das altbabylonische Gerichtswesen*, p. 67 et s.

personnage, auquel écrit Ibni-Adad, a, visiblement, une fonction subordonnée à celui-ci, ce qui exclut l'hypothèse d'une marque de respect, destinée à s'assurer la bienveillance du destinataire de la lettre. J'ai donc cru préférable de maintenir la traduction donnée par le P. Scheil et de considérer *Awilum* comme étant le nom propre du destinataire.

Au point de vue procédural, l'organisation de l'instance nous est indiquée avec une précision suffisante. Le demandeur engage le procès par une requête, verbale ou écrite, adressée à un fonctionnaire de rang élevé, mais dont le titre exact ne nous est pas connu. Suivant toute apparence, il s'agit là d'un fonctionnaire royal, et non d'un agent des justices des temples, ou municipales. Le défendeur étant probablement domicilié dans une autre ville que celle où réside ce fonctionnaire, celui-ci délègue un de ses subordonnés. C'est cette délégation qui constitue l'objet même de la lettre. Les pouvoirs donnés au délégué sont définis dans les lignes 25-26. Il devra « voir » l'affaire, c'est-à-dire instruire le procès qui n'est encore connu que par les dires du demandeur, tels qu'ils sont formulés dans la requête. Puis il devra « faire justice ». Cette dernière expression n'implique pas pour le délégué un pouvoir absolu de trancher le litige par sa sentence. Les lignes 27-29 nous montrent qu'Ibni-Adad se réserve la connaissance du procès, dans des cas que notre texte ne précise pas, le destinataire de la lettre étant au courant des règles en matière de compétence. Il n'est pas sûr que la phase de l'instance, qui va se dérouler devant Awilum, soit contradictoire. Si le demandeur devait s'y trouver, il eût été inutile qu'Ibni Adad envoyât à son délégué un exposé en 15 lignes de l'objet du litige. D'autre part, il semble que demandeur et défendeur n'habitent point la même ville. — En tout cas, même si la procédure devant le juge délégué est contradictoire, il est probable que la sentence rendue par lui n'est pas directement exécutoire par voie de contrainte. L'étude de Lautner[1] sur l'effet des décisions judiciaires me paraît en effet avoir démontré que les juridictions inférieures, notamment les juridictions municipales, ne rendaient que des sentences arbitrales, dépourvues de force exécutoire, tant que les parties n'avaient pas accepté la décision rendue par une convention spéciale, un *duppu la ragamim*. Au contraire, les juridictions royales supérieures, comme celle que paraît exercer Ibni Adad, pouvaient imposer par la force publique l'exécution de leurs arrêts. Cette différence suffit, à elle seule, pour expliquer la réserve de compétence formulée par Ibni Adad. Si les parties n'acceptent point le jugement rendu par le délégué, il faudra recourir à la juridiction du délégant, pour mettre fin au litige.

---

1. Voir les conclusions auxquelles aboutissent ses recherches dans *Die richterliche Entscheidung*, p. 66-67. Le caractère arbitral des sentences rendues par ces juridictions inférieures paraît également se manifester dans la manière même dont elles appliquent le droit ; cf. Cuq, *Revue d'Assyriologie*, t. VII, p. 85

Quant au fond même de l'affaire, l'exposé qu'en fait Ibni Adad, d'après la requête de Šep-Šamaš, ne suffit pas à nous le faire connaître exactement. Un seul point est certain. Une esclave, emmenée loin de son maître en servitude pour dettes, soit comme gage conventionnel, soit à la suite d'une saisie, est morte au moment où avaient été fournis les fonds nécessaires pour sa libération. C'est la restitution de la somme versée qui est l'objet de la demande en justice. Mais, le rôle de deux personnages mentionnés dans le texte reste obscur. Le requérant, Šep-Šamaš, déclare que l'esclave en question appartenait à son frère, au moment où elle a été emmenée par le créancier. Pourquoi la somme destinée à la libération de cette esclave n'a-t-elle pas été payée par le propriétaire saisi, et à quel titre Šep-Šamaš intervient-il? Le rôle du négociant, Šamaš-liwir n'est pas plus net. Est-il le créancier qui garde l'esclave comme gage et qui s'offre à la libérer moyennant paiement, ou est-ce un intermédiaire qui propose ses bons offices pour aller à Bad-tibira et reprendre la servante, après avoir désintéressé le créancier? Si l'on admet que la dation en paiement du *ḫullu* d'or pour cinq sicles d'argent est un paiement, fait pour le compte d'Enu-ša Šamaš, le débiteur saisi, il faut considérer Šamaš-liwir comme un intermédiaire. En effet la mort, par cas fortuit, de l'esclave donné en gage n'éteint pas la créance du gagiste. Par conséquent, il serait parfaitement fondé à garder la somme reçue. Si, au contraire, le paiement est fait par Šep-Šamaš en son nom personnel, soit qu'il veuille libérer l'esclave, soit qu'il veuille la garder, par une sorte de subrogation au droit du gagiste, l'action en répétition s'explique, même si Šamaš-liwir est le créancier. Celui-ci ne peut garder une somme, qui ne lui a pas été payée par le débiteur, ni pour le compte de celui-ci, mais en vue d'un avantage qu'il n'a pas procuré au *solvens*.

H. E. 123

a-na ra-bi-a-an ali a-š-šir-rum (ki)	Au maire d'Ašširum
ú ši-bu-ut alim	et aux anciens de la ville
ki-bí-ma	parle
um-ma a-wi-il-ištar-ma	Awil Ištar :
5 (1) ib-ba-tum mâr še-ip (il) sin daiani	Ibbatum fils de Sep-Sin, le juge
ki-a-am iq-bi-a-am	a parlé ainsi
um-ma šu-u-ma	lui : «
a-bi a-na (il) nin-ip mu-ba-lí-iṭ	Mon père à Ninip-mubaliṭ
10 šiqlim kaspi a-na še-im ša-mi-im	10 sicles d'argent pour acheter du grain
10 id-di-in-ma	a donné.
a-bi i-na pa-ni wa-ṣi-šu	Mon père avant son départ

a-na še-im ù kaspim	pour le grain et l'argent
ip-ki-da-aš-šu-u-ma	lui a fait confiance.
u-ul še-a-am u-ul kaspam	Ni grain, ni argent
15 id-di-nam	il n'a fourni. »
ki-a-am iq-bi-a-am	Il a parlé ainsi
ki-ma duppi (bi) ta-am-ma-ra	Dès que vous aurez vu <cette> tablette,
be-el a-wa-ti-šu	son adversaire
a-na și-ri-ya	auprès de moi
20 tu-ur-da-am	envoyez.

La tablette H. E. 123 s'apparente, au point de vue procédural, avec la tablette H. E. 122 qui précède. Ici encore, le demandeur a saisi du litige un juge supérieur, probablement un fonctionnaire royal. Ce juge a certainement autorité sur les justices municipales. Le ton impératif de sa lettre, la suppression de toute formule de bénédiction dans le préambule sont des signes très nets de cette supériorité hiérarchique. Mais, au contraire de H. E. 122, notre texte ne contient aucune délégation même partielle, de la juridiction exercée par Awil Ištar. Le *rabianu*[1] et les anciens, auxquels est adressée la lettre, ne serviront ici que d'agents d'exécution, chargés d'assurer la comparution du défendeur. Le résumé de la requête du demandeur n'est inséré ici que pour faire informer le défendeur des griefs formulés contre lui et sur lesquels il devra répondre, peut-être, aussi, pour que le *rabianu* et les *šibutim* connaissent les raisons qui les dessaisissent de leur compétence normale. Le privilège de juridiction dont paraît jouir Šep-Sin s'explique sans peine par les titres de chef des marchands et de doyen des prêtres de Samaš, que nous lui avons vu attribuer dans les tablettes précédentes. D'ailleurs, Šep-Sin n'agit pas lui-même. D'après notre texte, il a quitté Larsa au moment où le procès commence et c'est son fils qui se charge de le représenter en justice. Il ne semble pas que la constitution de ce représentant ait exigé de formalité particulière. Il est possible que le fils ait pu représenter le père en justice de plein droit. Le titre de juge porté par Awil-Ištar fait songer à C. T. VI 37c, où l'on voit un fils de *Pa Damgar* également qualifié juge, aider son père dans ses fonctions, avant de lui succéder, comme le prouve C. T. VIII 21b et 10c.

L'intervention de l'autorité publique pour assurer la comparution du défen-

1. Voir sur le rôle judiciaire du *rabianum* et du *šibutum* Cuq, *Revue d'Assyriologie*, VII, p. 84-85 ; Walther, *Das altbabylonische Gerichtswesen*, p. 107-120 et 52-63. Le *rabianum* est le premier magistrat municipal, président du conseil des anciens ou *šibútim*. Réunis, ils forment un tribunal, qui joue, en outre, un rôle analogue à celui de la curie municipale dans le Bas Empire romain, au point de vue de l'enregistrement des contrats entre particuliers.

deur, la nature des faits reprochés à celui-ci et qui peuvent se définir un abus de confiance, pourraient permettre de supposer que notre texte constitue une sorte de mandat d'amener, rendu en matière criminelle. Mais ce mode de citation, particulier aux justices royales, s'applique à tous les litiges déférés à ces juridictions, comme le montrent T. D. 2 et un grand nombre d'autres textes publiés dans la correspondance de Hammourabi et de Sin-idinnam [1]. Donc, sans exclure l'hypothèse du caractère pénal de l'action engagée par Awil-Ištar, on peut voir dans notre texte l'acte introductif d'instance d'une action en reddition de comptes, dirigée contre un mandataire. Rien, en effet, ne permet d'affirmer que Ninip-Mubalit ait été un commis de Šep-Sin, chargé à ce titre de faire valoir un certain capital reçu de son patron, et tenu, à ce titre, d'une responsabilité spéciale.

H. E. 125

a-na i-din (il) amurru	A Idin Amurru
ki-bí-ma	parle
um-ma ibiq (iq) a-na nam-zer-ma	Ibiq-ana-namzer (?) :
(il) šamaš (il) marduk lib-a-al-li-du-ka	Que Samaš et Marduk te fassent vivre
5 aš-šum awil (il) amurru	Au sujet d'Awil-Amurru
ša ta-aš-pu-ra-aš-šum	pour lequel tu as écrit
wa-a-ṣi ekallim (lim)	la sortie du palais
........at-tu a-na pa-ni-šu	..................devant lui
......................a-at	....
10 la ta-ka-al-la-aš-šum ?	ne le retiens pas.
ar-ḫi-iš du-ur-da-aš-šu	Envoie le rapidement
ša ak-ka-ba-šu-u	parce que.......
ša ekallim (lim)	[envers] le palais
ù Ê Dingir-Ri-E-Ne-Mu	et le temple de mes dieux,
15 ḫa-a-di-im	il a péché.

La tablette H. E. 125 contient une injonction du même ordre que celles que nous avons trouvées dans H. E. 122 et 123. Les dernières lignes nous montrent qu'il s'agit ici d'une poursuite pénale, motivée par un délit commis contre le roi et le temple. L'inculpation exacte devait être indiquée dans une lettre pré-

---

1. Cf. Lautner, *Die richterliche Entscheidung*, p. 19 et 20 sur l'assignation devant les tribunaux royaux et sur les textes relatifs à cette question ; cf. aussi Cuq, *Revue d'Assyriologie*, VII, p. 85.

cédente, à laquelle le destinataire n'avait pas obéi. Rien ne nous renseigne sur les fonctions respectives de l'auteur de la lettre et de son correspondant. Mais l'analogie avec les textes précédents, et les mentions portées aux lignes 13-15, autorisent à penser que ce sont deux fonctionnaires de l'ordre judiciaire. L'auteur de la lettre est probablement un juge royal, car il est peu vraisemblable que la répression des délits contre le palais fut confiée aux magistrats municipaux.

H. E 143 (Scheil, R. A, XI, p. 177)

aš-šum a-ha-zu-nu	Au sujet d'Ahazunu
ša da-da-a mâr nu-ur i-li-šu Lid-Ku	que Daday fils de Nûr-ilišu, le bouvier,
Ki ku-ul-lu-pa-at . . . . . mu ši-ni-iq-ti-Ta	de Kullupat sa nourrice
i-na pi-ti a-bu-ul-lim ša larsa (ki)	sous l'embrasure de la porte de Larsa
5 il-ku-ši	a prise
ṣi-ir [1] ištar iz-za ah-hu-ur-ši-ma	Ṣir-Ištar l'a recherchée
i-na bit da-da-a mâr nu-ur i-li-šu	Dans la maison de Daday fils de Nûr ilišu
i-mu-ur-ši-ma	il l'a trouvée (litt. vue)
(I) ṣir-ir ištar (I) (il) sin i-din-nam	Ṣir-Ištar devant Sin-idinnam
10 im-hu-ur-ma	s'est présenté
(I) a-ha-tum Dam-A-Ni ir-di-a-ma	Ahatum sa femme <de Daday> il a amené
(I) a-ha-tum ki-a-am iq-bi um-ma-ši-ma	Ahatum parla ainsi, elle :
(I) a-ha-zu-nu u-ul ma-ra-at-ka	« Ahazunu n'est pas ta fille
ma-ar-ti amti bi-it e-mi-ya	<C'est> la fille d'une servante de la maison de mon beau père »
15 (I) ṣi-ir ištar ki-a-am iq-bi	Ṣir Ištar parla ainsi
um-ma-šu-ma (I) a-ha-zu-nu	lui : « Ahazunu

1. La lecture de ce nom n'est pas certaine. On peut aussi songer à le lire Ṣili-Istar, cette dernière lecture se justifiant par le signe *mi* écrit pour *ṣi* à la ligne 21. *Mi* aurait ici la valeur *ṣillu* (Brünnow 8925) et le signe *ir* devrait être lu *li*. Mais le fait que, sur la tablette le deuxième signe de ce nom présente toujours les trois traits verticaux caractéristiques de *ir*, tandis que *ni* n'en présente que deux, me fait préférer la lecture *ṣi-ir*. Il est possible que le signe *mi* employé dans les noms commençant par *ṣilli* avec le complément phonétique *li* ait été employé par erreur avec la lecture *ṣi* qu'il paraissait avoir dans *Mi* (*li*) = *ṣili*.

ma-ar-ti u-ul a-ma-at	est ma fille et non une servante.
a-na ku-ul-lu-pa-at amti	A Kullupat, servante
ša bi-it e-mi-ki	de la maison de ton beau père,
20 a-na šu-nu-ki-im ad-di-iš-ši	pour l'allaiter je l'avais donnée. »
(I) (il) sin i-din-nam (I) ṣi-ir ištar	Sin-idinnam à Ṣir-Ištar
a-na ni-iš ili i-di-im-ma	déféra le serment par les dieux.
(I) ṣi-ir ištar i-na bît (il) šamaš	Ṣir-Ištar dans le temple de Šamaš
ki-a-am iz-kur um-ma-šu-ma	jura ainsi, lui :
25 (I) a-ḫa-zu-nu lu-u ma-ar-ti	« Aḫazunu est ma fille.
a-na ku-ul-lu-pa-at a-na šu-nu-ki	A Kullupat pour l'allaiter
lu ad-di-iš-ši	je l'ai donnée. »
la i-tu-ur-ru a-ḫa-tum	Aḫatum ne reviendra pas.
di-i-ni la u-ba-ag-ga-ru-ma !	Elle ne contestera pas le jugement
30 niš (il) šamaš (il) marduk ù ḫa-am-	Par Šamaš, Marduk et le roi Ham-
mu-ra-bi Lugal	murabi
In-Pad	elle a juré.
[maḫar] nu-u-a-tum šangu	Par devant...... nuatum, le prêtre,
[maḫar] ilabrat....... bit (il) šamaš	par devant...... ilabrat...... du
	temple de Šamaš
[maḫar]...... at? kir-šu Ra-Gab	par devant...... Kiršu le courrier,
35 [maḫar] (il) šamaš-ma-gir Dup-Šar	par devant Šamaš magir, le scribe
waraḫ addari um 3 (kam)	Mois d'addar, 3e jour,
Mu (il) taš-me-tum [2]	l'année où Tašmetum <etc.>

Au contraire des textes qui précèdent, et qui se rapportent uniquement à l'organisation de l'instance et à la comparution du défendeur, la tablette H. E. 143 constate l'ensemble d'une procédure, y compris la décision judiciaire qui met fin au litige et la renonciation du défendeur à tout recours ultérieur. L'intérêt de ce document explique l'étude dont il a été l'objet de la part du P. Scheil son premier éditeur [3], puis de Lautner [4] et de Koschaker [5]. La

---

1. Koschaker (H. Ges. VI, p. 145) fait de *dîni* le régime de *itúrru* parce que le sens technique de *baqâru* étant « revendiquer, intenter une action réelle », il ne saurait être question de rattacher *dîni* à ce dernier verbe sans aboutir à un non-sens. Mais il est possible que *bâqaru* dont l'équivalence avec *ragamu* = contester en justice, faire un procès, est indiquée dans les syllabaires (cf. San Nicolò, *op. cit.*, p. 154) ne signifie pas ici purement et simplement « revendiquer » mais « contester par une action en revendication » ce qui expliquerait le régime *dîni* tout en respectant la construction de la phrase.

2. 41e année du règne de Hammourabi.

3. R. A. XI, p. 177 et s.

4. *Richterliche Entscheidung*, p. 74, n. 220; p. 11 et s.

5. H. Ges. VI, p. 144-145.

procédure suivie dans cette affaire est celle des actions réelles. Il s'agit d'une *vindicatio filiae*, le demandeur se prétendant le père d'une enfant actuellement possédée comme esclave par le défendeur. Cette procédure s'ouvre par la recherche de la personne revendiquée, l'action réelle ne pouvant être intentée que contre le possesseur. Après avoir retrouvé sa fille, Șir-Ištar conduit en justice le défendeur. Mais sur ce point, notre texte présente une particularité. Ce ne sont ni Daday, ni son père qui sont assignés bien qu'il soit dit expressément que l'enfant revendiquée, Aḫazunu, ait été trouvée dans la maison de Daday. C'est la femme de celui-ci qui défend en justice contre la prétention de Șir-Ištar. Koschaker a expliqué cette anomalie de façon fort plausible en supposant que Kullupat qui, d'après Aḫatum, serait la mère de l'enfant, faisait partie de la dot apportée par celle-ci dans la maison de son père et de son mari. Elle interviendrait donc comme garante. Cette explication paraît plus vraisemblable que l'hypothèse suivant laquelle Aḫatum représenterait en justice son mari et son beau-père, car rien dans le texte ne fait allusion à une telle représentation du mari par la femme.

La comparution de Aḫatum au contraire de ce que nous avons vu dans H. E. 122 et 123 n'est pas assurée par l'intervention de l'autorité publique, mais par les soins du demandeur. La raison de cette différence ne saurait résulter d'une différence de juridiction. En effet, le juge devant lequel se déroule le procès est certainement un juge royal, tout comme les auteurs des lettres H. E. 122 et 123. C'est à peu près sûrement le même Sin-idinnam que nous connaissons par la correspondance échangée entre lui et Hammourabi[1]. En effet, notre texte est contemporain de cette correspondance dans laquelle le rôle judiciaire de Sin-idinnam est souvent indiqué. Le correspondant de Hammourabi exerçait ses fonctions à Larsa et l'indication donnée aux lignes 4-5 de notre texte nous montre que c'est dans cette ville qu'a dû se dérouler le procès. Peut-être l'absence de citation par le magistrat peut-il s'expliquer par ce fait qu'une telle citation n'était pas nécessaire, quand le défendeur acceptait bénévolement de comparaître.

La procédure devant le juge paraît très simple. Comme il est normal, le revendiquant, Șir-Ištar, joue le rôle de demandeur. C'est lui qui prend l'initiative du procès, qui assure la comparution de Aḫatum; enfin, c'est lui qui, au cours de l'instance, supporte la charge de la preuve. Il est évident que l'hypothèse, suivant laquelle le revendiquant aurait eu, en justice, le rôle de défendeur, après avoir repris l'objet revendiqué par une procédure extra-judiciaire, ne peut se concilier avec notre texte[2]. — Les deux parties exposent

---

1. Cf. King, *Letters and Inscriptions of Hammourabi*, et Jean, *Les lettres de Hammourabi et de Sinidinnam*.

2. Cette théorie suivant laquelle la demande dans l'action en revendication aurait été introduite par le possesseur, menacé par une procédure extra-judiciaire, ou par les voies

contradictoirement leurs prétentions respectives et Sin-idinnam tranche le litige, en déférant le serment au demandeur. Celui-ci prête solennellement le serment dans le temple de Šamaš. Aḫatum jure à son tour de ne pas attaquer la sentence rendue par Sin-idinnam. L'acte est confirmé par quatre témoins, qui sont probablement des fonctionnaires du temple de Šamaš dans lequel Ṣir-Ištar a prononcé son serment.

A côté de ces indications procédurales, notre texte nous donne des renseignements utiles au point de vue juridique proprement dit. Le contrat d'allaitement, dont il est question à la ligne 20, nous est déjà connu par les dispositions du Code d'Hammourabi et les textes de contrats déjà publiés. La mention des lignes 3-5 est moins claire. Koschaker y voit une présentation faite par la femme esclave au maître, qui décidera si le nouveau-né doit être gardé, ou abandonné. Cette explication paraît la seule possible; mais on s'explique mal la nécessité de cette présentation solennelle pour les enfants d'esclaves. Autant une telle cérémonie s'explique pour les enfants dont la légitimité doit être décidée, autant elle est inutile dans le cas présent, où le maître n'a aucun intérêt à abandonner l'enfant, qui vient enrichir son patrimoine. — Mais, la question la plus importante est celle qui se rattache à la protection et à l'étendue du droit de propriété. Une théorie soutenue par Fehr [1], et admise tout d'abord, non sans de sérieuses réserves par Koschaker [2], a voulu retrouver dans le Code d'Hammourabi une règle de l'ancien droit germanique, la règle *Hand wahre Hand*. Le propriétaire qui s'est volontairement dessaisi de sa chose, ne peut, pour la recouvrer, agir que par une action personnelle contre celui à qui la chose a été remise. Il perd tout droit à intenter l'action en revendication à l'encontre des tiers, chez lesquels la chose pourra être trouvée. En somme, dans cette théorie, l'action en revendication n'est possible contre les tiers possesseurs et détenteurs, que si le revendiquant a perdu la possession par suite d'un vol. Je ne saurais, sans sortir du cadre de ce travail, rechercher dans quelle mesure les textes juridiques antérieurs à la première dynastie babylonienne confirment ou contredisent la théorie de Fehr. Celle-ci, inspirée par le désir de prouver que des règles juridiques identiques apparaissent spontanément chez les peuples arrivés au même stade de civilisation, est certainement inexacte pour l'époque d'Hammourabi. Le développement du droit à cette époque, la variété et l'importance des transactions économiques, suffiraient pour rendre peu vraisemblable pendant cette période, l'application

---

de fait de son adversaire a été soutenue par San Nicolò, *op. cit.*, p. 165 et s. Mais Lautner, *op. cit.*, p. 10 et s., a déjà fait remarquer l'argument qu'on pouvait tirer de notre texte contre cette théorie. En réalité, il ne semble pas qu'il y ait eu de règle absolue, l'action réelle étant engagée indifféremment par le possesseur ou par son adversaire.

1. *Hammurapi und das salische Recht*, p. 46 et s.
2. *Rechts vergleichende Studien zur Gesetzgebung Hammurapis*, p. 46-54.

d'une règle aussi primitive. Les clauses de garantie d'éviction sont d'un usage très fréquent dans les contrats de la première dynastie babylonienne et nous en avons vu plusieurs exemples au cours de cette étude. C'est là un indice probant du développement de l'action en revendication. Enfin H. E. 143 comme l'a remarqué Koschaker dans son étude de ce texte, témoigne de façon particulièrement nette de l'inapplication de la règle *Hand wahre Hand*. Ici la dépossession du père considéré comme propriétaire de sa fille, résulte d'un acte volontaire, la remise de l'enfant à la nourrice. Cependant Aḫatum ne paraît pas en tirer le moindre argument contre la prétention de son adversaire. On peut donc conclure qu'à l'époque de Hammourabi le droit de propriété comporte le droit de suite entre les mains de tiers possesseurs, sans distinction entre la propriété mobilière et immobilière, et sans restriction à l'hypothèse particulière du vol.

TABLE DES NOMS DE PERSONNES

Abay : H. E. 138.

Abil-Amurru : H. E. 130, 196, 220.

Abil-ilišu : H. E. 120.

Abu-waqar H. E. 101.

Adidum : H. E. 208.

Aḫazunu : H. E. 143.

Aḫiya : H. E. 112.

Aḫuša : H. E. 167.

Ali-waqrum H. E. 196.

Amurru-muballiṭ : H. E. 201.

Ana-pani-Sin-tadini : H. E. 107.

Ana-Sin-takil : H. E. 111

Aplum : H. E. 105.

Asirum : H. E. 196.

Awil-Adad : H. E. 210, 218.

Awil-Amurru : H. E. 125.

Awil-Ištar : H. E. 123.

Awiliya : H. E. 211.

Awil-šumat : H. E. 104.

Awilti-ili : H. E. 120.

Awilum : H. E. 107, 122.

Bel-bani : H. E. 119

Belšunu : H. E. 212.

Bitatum : H. E. 120.

Dadai : H. E. 143.

Damiq-Marduk H. E. 221.

Dan-Amurru : H. E. 202, 210.

Dumuq-Šamaš : H. E. 109, 127.

Ea-ilabrat : H. E. 221.

Ea-rabi : H. E. 142.

Endugganimaḫ : H. E. 106.

Enlil-rabi : H. E. 112.

Idi-šarrum : H. E. 132.

En-meli : H. E. 102.

Enuša-Šamaš : H. E. 122.

Erib-Sin : H. E. 210.

Etil-pi-Nabium : H. E. 113.

Gadutanu : H. E. 109, 127.

Gagadi : H. E. 112.

Gimil-ili : H. E. 167.

Gimil-iliya : H. E. 140.

Gururum : H. E. 208.

Gurrutaša : H. E. 133.

Ḫiniya : H. E. 210.

Ḫuzalatum : H. E. 127.

Ḫuzalum : H. E. 109.

Ibbatum : H. E. 123.

Ibbi-Girra : H. E. 101.

Ibbi-Ilabrat : H. E. 107, 221.

Ibbi-Sin : H. E. 102, 119.

Ibini (?) : H. E. 196.

Ibiq-ana-namzer : H. E. 125.

Ibiq-Irnina : H. E. 196.

Ibni-Adad : H. E. 101, 122, 137.

Ibni-Amurru : H. E. 202.

Ibni-Marduk : H. E. 132.

Ibniu (?) : H. E. 109.

Ibqu-Girra : H. E. 126.

Ibqu-Ilabrat : H. E. 101, 141.

Ibqu-Ištar : H. E. 109, 127.

Ibqu-sili : H. E. 167.

Idi-Ilišu : H. E. 109.

Idin-Amurru : H. E. 125.

Idin-Enlil : H. E. 129.

Idin-Ištar : H. E. 147.

Marduk-mušalim : H. E. 111.

Iḫiyatum : H. E. 119.

Ili-abi : H. E. 101.

Ili-gamil : H. E. 193.

Ili-ikišam : H. E. 142 (2 fois).

Ili-idinnam : H. E. 103, 109, 112.

Ili-ippalzam : H. E. 101, 126.

Ili-ippašram : H. E. 109.

Ili-izu'u : H. E. 130.

Ilima-ilu : H. E. 101.

Ilišu-šumurum : H. E. 212.

Ili-turam : H. E. 109, 120, 201.

Ilu-litul : H. E. 138.

Ilu-naṣir : H. E. 101, 141.

Imgur-Adad : H. E. 112.

Inu-Sin : H. E. 129.

Iriri : H. E. 112.

Ištar-Nin : H. E. 167.

Ištar-samtum : H. E. 211.

Iṭab-baniya : H. E. 101.

Kalumuša : H. E. 167.

Kullupat : H. E. 143.

Kuṣur-Marduk : H. E. 111.

Lalie : H. E. 131.

Libitum : H. E. 120.

Libluṭ : H. E. 140.

Lipit-Ištar : H. E. 109, 112, 131, 201.

Lišlim-kinum : H. E. 109.

Liwir-rištum : H. E. 193.

Lubluṭ-ilu : H. E. 134.

Manura (?) : H. E. 112.

Sin-ubal : H. E. 131.

Sabi-Šamaš : H. E. 124.

Ṣama iliya : H. E. 105.

Ṣili-emaḫ : H. E. 109, 127.

Ṣili-Šamaš H. E. 137.

Ṣir-Ištar : H. E. 143.

Ṣulul-Šamaš : H. E. 124, 135.

Šaddi-Ištar : H. E. 105.

Šalitum : H. E. 111.

Šamaš-ilišu : H. E. 132.

Marduk-naṣir : H. E. 111, 113, 139.

Mar-irṣitim : H. E. 101, 107.

Muḫadum : H. E. 112.

Nabi-ilišu : H. E. 220.

Nabium : H. E. 201.

Namtinigbani : H. E. 167.

Nannar-mani-ilu : H. E. 106.

Naram-Sin : H. E. 109.

Nidnuša : H. E. 266.

Nimelam : H. E. 119.

Ninib-ibnišu : H. E. 120.

Ninib-muballit : H. E. 123.

Nin-ilišu-Šamaš : H. E. 134.

Nur-Ea : H. E. 266.

Nur-ilišu : H. E. 104, 112, 143, 205.

Nur-Šamaš : H. E. 208.

Pakurum : H. E. 112.

Rabi-ili : H. E. 141.

Ribum-Šamaš : H. E. 218.

Rim-Sin-Namsibnidug : H. E. 104.

Sanikum : H. E. 201.

Sin-ahi-idinnam : H. E. 142.

Sin-balanni : H. E. 101.

Sin-gamil H. E. 103.

Sin-idinnam : H. E. 113, 124, 143.

Sin-imgurra : H. E. 201.

Sin-ituram : H. E. 139.

Sin-magir : H. E. 104.

Sin-muštal : H. E. 266.

Sin-rimeni : H. E. 112, 120, 167,

Šamaš-naṣir : H. E. 221.

Šamaš-ṣulul : H. E. 101.

Šamaš-šaddišu : H. E. 105.

Šariktum : H. E. 167.

Šarrum-Adad : H. E. 112.

Sep-Sin : H. E. 101, 105, 107, 111, 113, 120, 123, 124, 126, 129, 130, 131, 135, 136, 137, 139, 140, 141, 142.

Šep-Šamaš : H. E. 122.

Šamaš-irḫum : H. E. 138.
Šamaš-lamaṣašu : H. E. 139.
Šamaš-Larsa-šamši : H. E. 120.
Šamaš-libluṭ : H. E. 106, 193.
Šamaš-liwir : H. E. 122.
Šamaš-magir : H. E. 143.
Šamaš-muballit : H. E. 111, 113, 124.

Šumi-Aḫiya : H. E. 142.
Taribum : H. E. 201.
Ṭab-ṣil-ili : H. E. 102.
Ubar-Šamaš : H. E. 201.
Ubayatum : H. E. 109, 127, 136.
Utar-Šamaš : H. E. 266.
Waai-aḫai : H. E. 201.
Waqartum : H. E. 134.

LISTE DES REVUES ET OUVRAGES CITÉS

1. *Revue d'Assyriologie et d'archéologie orientale.*
2. *Nouvelle revue historique de droit français et étranger.*
3. *Zeitschrift für Assyriologie.*
4. *Mitteilungen der Vorderasiatischen Gesellschaft.*
5. *Münchener Kritischer Vierteljahrschrift.*
6. Brünnow. — *Classified list of ideographs* (Leyde, 1889).
7. Delitzsch. — *Assyrisches Handwörterbuch* (Leipzig, 1896).
8. Chiera. — *Legal and Administrative Documents from Nippur chiefly from the dynasties of Isin and Larsa* (University of Pennsylvania. Publications of the Babylonian Section VIII ₁). Philadelphie, 1914.
9. — *Old Babylonian Contracts* (University of Pennsylvania. Publication of the Babylonian Section VIII ₂). Philadelphie, 1922.
10. *Cuneiforme Texts from Babylonian Tablets in the British Museum* (t. II, IV, VI, VIII). Londres, 1896-1899.
11. Fehr. — *Hammurapi und das salische Recht. Eine Rechtsvergleichung.* Bonn, 1910.
12. Gautier. — *Archives d'une famille de Dilbat au temps de la première dynastie de Babylone* (Mémoires de l'Institut français d'archéologie orientale du Caire). Le Caire, 1908.
13. Girard. — *Manuel de droit romain* (7e édition). Paris, 1924.
14. Grant (Élihu). — *Babylonian Business Documents of the Classical Period.* Philadelphie, 1919.
15. Grice. — *Records from Ur and Larsa dated in the Larsa Dynasty* (Yale Oriental Series Babylonian Texts V). Newhaven, 1919.
16. *Hammurapis Gesetz*, III, IV, V par Kohler et Ungnad. Leipzig, 1909, 1910, 1911. VI par Koschaker et Ungnad. Leipzig, 1923.
17. Jean. — *Les lettres de Hammourabi à Sin idinnam.* Paris, 1913.
18. King. — *The Letters and Incriptions of Hammurabi.* Londres, 1898.
19. Koschaker. — *Rechtsvergleichende Studien zur Gesetzgebung Hammurapis.* Lepzig, 1917.
20. Lautner. — *Die richterliche Entscheidung und die Streitbeendigung im altbabylonischen Prozessrechte* (Leipziger rechtswissenschaftliche Studien. Heft 3. Leipzig, 1922).

21. Leroy Watermann. — *Business Documents of the Hammurabi Period from the Bristish Museum.* Londres, 1916.

22. Meissner. — *Beiträge zum altbabylonischen Privatrecht.* Leipzig, 1893.

23. *Mémoires de l'Académie des Inscriptions et Belles Lettres*, t. 41. Paris, 1917.

24. *Mission française de Chaldée. Inventaire des tablettes de Tello conservées au Musée impérial ottoman.*

25. J. B. Nies et C. E. Keiser. — *Historical, Religious and Economic Texts and Antiquities.* Babylonian Inscriptions in the Collection of J. B. Nies, vol. II. Newhaven, 1920.

26. Th. G. Pinches. — *The Babylonian Tablets of the Berens Collection* (Asiatic Society Monographs, vol. XVI). Londres, 1915.

27. Poebel. — *Babylonian Legal and Business Documents from the time of the first Dynasty of Babylon* (Babylonian Expedition of the University Pennsylvania. A Cuneiform Texts, vol. VI$_2$). Philadelphie, 1909.

28. Ranke. — *Babylonian Legal and Business Documents from the time of the first Dynasty of Babylon* (Babylonian Expedition of the University of Pennsylvania. A Cuneiform Texts, vol. VI$_1$). Philadelphie, 1906.

29. San Nicolo. — *Die Schlussklauseln des altbabylonischen Kauf- und Tauschverträge* (Münchener Beiträge zur Papyrusforschung 4 Heft). Munich, 1922.

30. P. V. Scheil. — *Une saison de fouilles à Sippar* (Mémoires de l'Institut français d'archéologie orientale du Caire). Le Caire, 1902.

31. Schorr. — *Urkunden des altbabylonischen Zivil- und Prozessrechts.* Leipzig, 1913.

32. Strassmayer. — *Die altbabylonischen Verträge aus Warka.* Berlin, 1882.

33. Thureau-Dangin. — *Lettres et contrats de l'époque de la première dynastie babylonienne.* Paris, 1910.

34. *Vorderasiatische Schriftdenkmäler der Königlichen Museen zu Berlin* (Hefte VII, VIII, IX, XIII). Leipzig, 1908 et s..

35. Walther. — *Das altbabylonische Gerichtswesen* (Leipziger semitische Studien VI 4-6). Leipzig, 1917.

Dans le cours de ce travail un certain nombre des ouvrages qui précèdent sont cités sous les abréviations suivantes :

B. I. N. II = n° 25.

C 1   = n° 8.

C 2	= n° 9.
C. T.	= n° 10.
E. G.	= n° 14.
G.	= n° 12.
H. Ges.	= n° 16.
M.	= n° 22.
M. V. A. G.	= n° 4.
N. R. H.	= n° 2.
P.	= n° 27.
R.	= n° 28.
S.	= n° 32.
T. D.	= n° 33.
V. A. R.	= n° 31.
V. S.	= n° 34.
W.	= n° 21.

ADDENDUM

Depuis que le présent mémoire a été livré à l'impression, plusieurs travaux ont été publiés, qui apportent des hypothèses et des renseignements nouveaux, intéressant les questions étudiées dans les pages qui précèdent. Je dois me borner à signaler ici l'ouvrage de M. David sur l'adoption dans l'ancien droit babylonien[1] et l'article de M. l'abbé Ch. Jean paru l'an dernier dans la *Revue d'Assyriologie*[2].

M. David, dans son étude, examine minutieusement la plupart des textes qui nous renseignent sur l'adoption à l'époque de la première dynastie babylonienne. Je me bornerai ici à signaler les conclusions de son travail dans la mesure où elles intéressent l'interprétation de H.E. 120, le seul acte d'adoption contenu dans la collection de l'École des Hautes-Études.

Suivant M. David, on doit distinguer deux catégories dans les actes d'adoption actuellement connus. Certains de ces actes constituent des adoptions proprement dites, conférant à l'adopté les droits d'un enfant légitime, en particulier la qualité d'héritier de l'adoptant. Celui-ci, dans ce cas, est toujours un homme libre, souvent assisté de sa femme. L'adopté peut être indifféremment un homme libre, une personne ne jouissant que d'une liberté limitée, ou même un esclave affranchi. Les adoptions de ce type, provenant de la Babylonie méridionale, contiennent toujours une clause attribuant à l'adopté la vocation héréditaire sur la succession de l'adoptant. Cette clause ne se retrouve pas dans les actes similaires de la Babylonie du nord. M. David en conclut que l'adoption proprement dite ne conférait originairement de droits successoraux que dans cette dernière région et que c'est l'influence septentrionale qui a fait introduire cette clause expresse dans les formulaires méridionaux, pour modifier sur ce point le droit antérieur.

A cette adoption proprement dite, M. David oppose ce qu'il appelle la fausse adoption permise aux femmes et aux personnes ne jouissant pas d'une liberté complète, par exemple certains serviteurs du palais ou des temples. L'adopté, dans les actes de ce type, ne peut être qu'une femme, un affranchi ou un individu imparfaitement libre. Sa condition est inférieure à celle d'un enfant légitime et ne lui donne pas de droit à la succession de l'adoptant.

1. *Die Adoption im altbabylonischen Recht.* (*Leipziger rechtswissenschaftliche Studien-Heft* 23.) Leipzig, 1927.
2. *Redevance perçue par l'État sur la vente de produits des domaines royaux sous Samsui luna*, dans R. A., t. XXIV, p. 1 et s.

Rien, dans ces conclusions, ne se trouve contredit par le texte de H.E. 120.
Il s'agit certainement dans cette tablette d'une adoption proprement dite. Le
droit héréditaire de l'adopté y est expressément stipulé, comme dans les autres
adoptions provenant de Larsa. Le fait que le nom des adoptants n'est pas
suivi de l'indication de leur père, ne saurait être retenu comme une objection
à leur qualité de personnes libres. De telles omissions sont extrêmement fréquentes dans les actes de cette époque, même pour des personnes que nous
savons par d'autres textes, être de rang social élevé.

Je me séparerai sur deux points des théories professées par M. David en ce
qui concerne les effets de l'adoption. Tout d'abord en ce qui concerne la formule sacramentelle par laquelle la plupart des actes d'adoption, y compris
H.E. 120, expriment la rupture volontaire du lien par l'adoptant ou l'adopté.
Suivant M. David il n'y aurait là qu'une survivance des formulaires anciens,
la rupture solennelle de l'adoption étant tombée en désuétude à l'époque de
notre texte. Rien, à ma connaissance ne prouve cette désuétude. Toutefois, il
existait en même temps, une rupture non formelle de l'adoption, résultant
notamment de la violation grave des devoirs incombant à l'adoptant et à l'adopté.
— En second lieu, M. David, adoptant l'opinion de Koschaker, donne une
interprétation à mon sens inacceptable, de la clause pénale qui sanctionne la
rupture de l'adoption par l'adoptant. Cette clause, avec quelques variantes, pré-
voit que, dans ce cas, l'adoptant perdra « maison et biens mobiliers ». Suivant
MM. Koschaker et David, il n'y aurait là qu'un maintien du droit héréditaire
de l'adopté. L'adoptant ne serait pas dépouillé de son vivant, mais perdrait
seulement la faculté d'aliéner ses biens et d'instituer un autre héritier. Rien
de pareil n'est exprimé dans les textes qu'il paraît préférable de traduire directement. Les objections faites à la traduction littérale disparaissent si l'on
admet que la clause pénale ne vise pas la totalité du patrimoine de l'adoptant
Pour frapper celui-ci d'une incapacité de disposer vraiment efficace, diverses
précautions seraient indispensables, notamment un inventaire analogue à celui
que prescrit le § 177 du Code d'Hammourabi. Or, on ne trouve aucune mention de ce genre dans les textes.

L'article de M. l'abbé Ch. Jean dans le XXIVe volume de la *Revue d'Assyriologie* a pour objet la transcription et la traduction de huit tablettes repro-
duites par lui dans sa publication des *Contrats de Larsa*. Ces textes, très voi-
sins de plusieurs de ceux que nous avons vus précédemment, se rapportent à
des ventes de denrées intervenues à Larsa au début du règne de Samsuiluna.
Il y est question du palais, du « quai » de Lagaš et de divers personnages que
nous avons rencontrés dans les tablettes de l'École des Hautes-Études. Dans
quatre de ces tablettes[1] est employé le mot *zutu* qui se retrouve dans H.E.

---

1. *Contrats de Larsa*, nᵒˢ 13, 194, 208, 210.

106, 137 et 266 et dont j'ai proposé une explication [1]. L'abbé Ch. Jean donne de ce terme une traduction toute différente. Il y voit le nom porté par la redevance qui est due au Palais à raison de ces ventes de denrées.

Cette redevance est expressément indiquée dans les six premiers textes traduits par l'abbé Ch. Jean. Son montant est fixé exactement à un tiers du prix de vente dans les actes datés des 5e et 6e années du règne de Samsuiluna, à un chiffre voisin du tiers dans les actes des 2e et 3e années du même règne. Peut-être une réglementation précise était-elle intervenue entre temps? Cette redevance est payée en sus du prix et mise par la plupart des textes à la charge de l'acheteur [2]. Le fondement juridique de cette redevance demeure incertain. L'abbé Ch. Jean voit dans les denrées vendues les produits que tire le palais de l'exploitation de ses domaines. Mais dans ce cas, pourquoi le palais ne recevrait-il que le quart de la somme payée par l'acheteur, dans une vente de fruits lui appartenant? Les autres textes relatant des ventes de denrées par le palais, nous montrent au contraire celui-ci recevant la totalité du prix. Peut-être y a-t-il plutôt là une sorte d'impôt indirect prélevé par le palais sur certaines ventes faites par les membres de la corporation des marchands.

C'est cette redevance payée au palais à l'occasion des ventes des denrées, qui serait désignée, d'après l'abbé Jean, par le mot *zutu*. Cette interprétation de ce terme ne me paraît nullement ressortir des textes dans lesquels nous le trouvons employé. Il est vrai que dans quatre des tablettes étudiées par l'abbé Jean, le mot *zutu* est suivi, de plus ou moins près, de l'indication de la redevance. Mais il faut remarquer que cette liaison n'est nullement nécessaire. Deux tablettes [3] mentionnent expressément l'obligation de payer la redevance au Palais sans que le mot *zutu* y soit employé. D'autre part dans H.E. 137 et 266 nous trouvons le mot *zutu* et rien dans ces deux textes ne se réfère à une redevance quelconque.

La rédaction même de deux tablettes [4] étudiées par l'abbé Jean me paraît contredire l'identification de la redevance et du *zutu*. Il y est dit, après avoir indiqué le montant du prix de vente et de la redevance, que l'acheteur paiera l'argent *ina šagal zuti* [5]. Dans la traduction de l'abbé Jean, l'expression *in šagal*

---

1. Cf supr., p. 37-38.
2. Cependant la tablette n° 193 des *Contrats de Larsa* qui relate un achat fait par Ibni Martu, dit expressément que la redevance est due par Martu tayar, bien que celui-ci ne soit pas partie au contrat. Contrairement à la traduction de la fin du texte donnée par l'abbé Ch. Jean, je crois que les lignes 24-27 constatent une promesse de paiement faite par Martu-tayar et non par Ibni-Martu. Cette anomalie ne me paraît pas explicable autrement que par des hypothèses entièrement gratuites, tant que nous ne posséderons pas de nouveaux textes sur cette question.
3. *Contrats de Larsa*, n°s 193 et 199.
4. *Contrats de Larsa*, n°s 208 et 210.
5. *Contrats de Larsa*, n°s 208 et 210, l. 9-11.

zuti désigne le paiement de la redevance due au palais, tandis que le versement d'argent se rapporte au prix que doit recevoir le vendeur. Ainsi l'objet de l'acte serait de fixer la date à laquelle sera payé le prix, l'échéance de la redevance étant indiquée par ailleurs, soit par un autre acte, soit par un règlement général émanant du Palais.

Je crois, au contraire, que l'expression *Kú Babbar Ni La E* « il paiera l'argent » se rapporte dans ces deux tablettes au paiement de la redevance. Dans les quatre autres tablettes qui parlent de redevance due au palais l'acte est rédigé pour en fixer la quotité et la date de paiement, non pour régler le versement du prix. Ce versement est l'objet d'actes rédigés de façon différente[1]. La similitude de rédaction que l'on relève dans ces six tablettes, permet de supposer que dans chacune d'elles la clause dispositive indiquant l'échéance d'une dette se rapporte au paiement de la redevance, même si leur texte ne le dit pas expressément.

Mais si l'expression *ina šagal zuti* ne se rapporte pas au paiement de la redevance, visé, comme nous venons de le voir, par une clause distincte, quel sens devons-nous attribuer au mot *zutu* et aux expressions dans lesquelles nous le trouvons employé? Étant donné que dans six textes différents, mentionnant des ventes de denrées, ce mot suivi du nom du vendeur est placé après l'indication de la vente, je crois pouvoir maintenir la traduction que j'ai proposé pour les tablettes H.E. 137 et 266[2]. *Zutu* désigne une livraison de denrées alimentaires et de produits de première nécessité. Cette livraison peut être postérieure à la rédaction du contrat de vente, dont elle est l'exécution, comme le prouve, dans plusieurs des textes étudiés par l'abbé Jean[3], la clause que la laine vendue sera livrée au moment de la tonte.

Il est probable que le mot *zutu* indiquait une caractéristique spéciale de ces livraisons, soit au point de vue de la qualité du vendeur, soit au point de vue de la provenance ou du mode de livraison de ces marchandises. Quant à l'expression *ina šagal zuti*, je crois devoir rectifier la traduction que j'en ai donnée à propos de H.E. 106. Étant donné que le mot *zutu* est toujours rattaché au nom du vendeur dans les tablettes étudiées par l'abbé Jean, le suffixe possessif ajouté à ce mot ne peut guère être rapporté à celui qui paie le prix, à l'acheteur. Il faut donc laisser au verbe *šagalu* son sens primitif « peser » et voir dans l'expression *ina šagal zuti* l'indication de la pesée et du mesurage des marchandises, préliminaire de leur livraison.

---

1. Cf. *Contrats de Larsa*, nᵒˢ 197 et 205. Le nᵒ 197 paraît être la quittance du prix de la vente mentionnée dans le nᵒ 199, ce dernier texte étant destiné à constater l'obligation de payer la redevance.

2. Cf. supr., p. 38.

3. *Contrats de Larsa*, nᵒ 13, l. 13-14, nᵒˢ 208 et 210, l. 12-13.

MACON, PROTAT FRÈRES, IMPRIMEURS. — MCMXXVIII.

PLANCHES

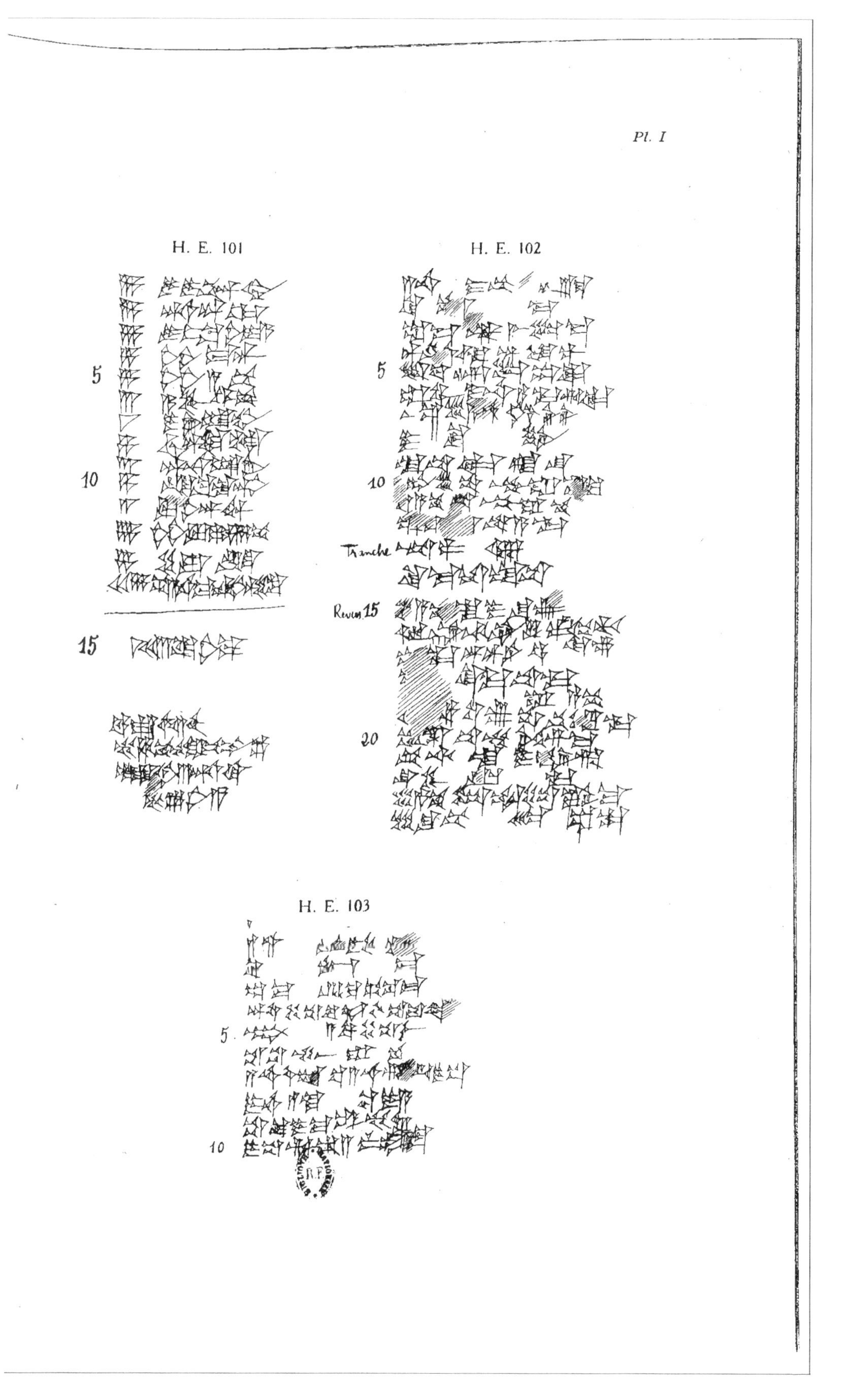

H. E. 101

H. E. 102

H. E. 103

H. E. 105

H. E. 104

5

10

Revers

Revers 10

15

Cachet de HE 104

H. E. 106

H. E. 107

Revers

5
10
15
20
25
30

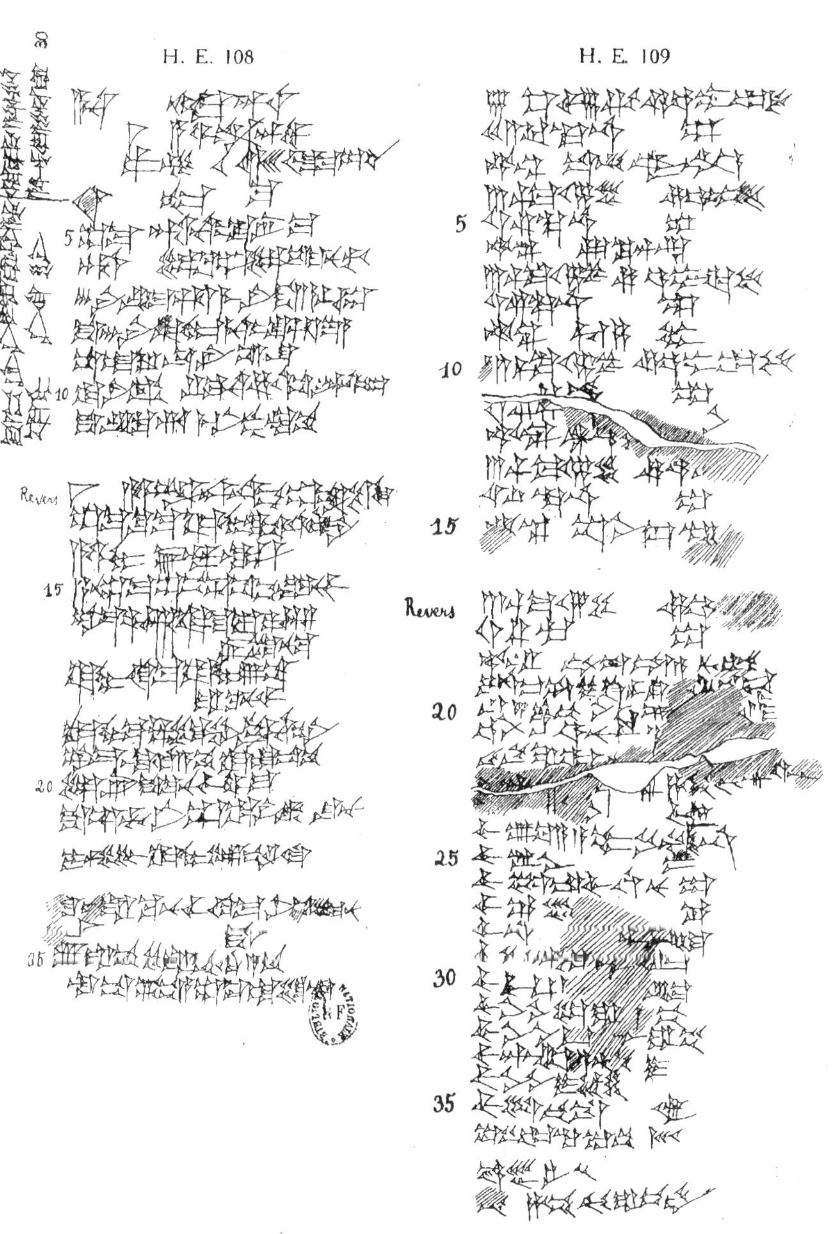
H. E. 108
H. E. 109
Revers
Revers

H. E. 111

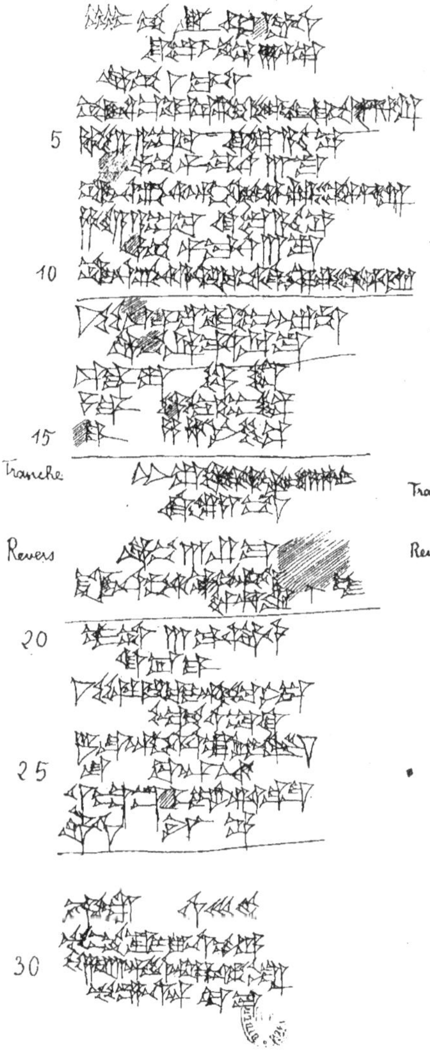
Tranche
Revers

H. E. 112

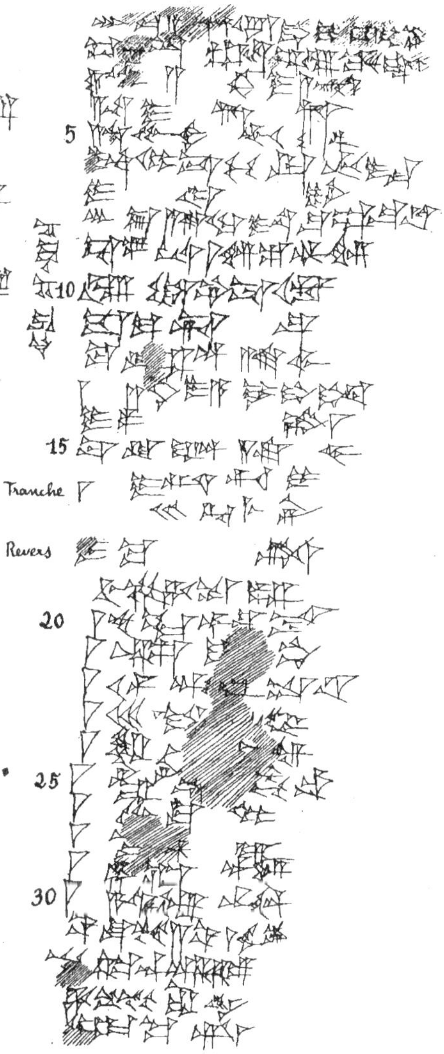
Tranche
Revers

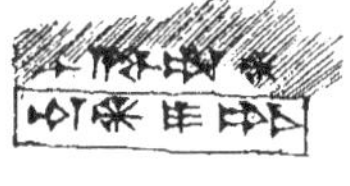

Sceau H E 112

H. E. 113

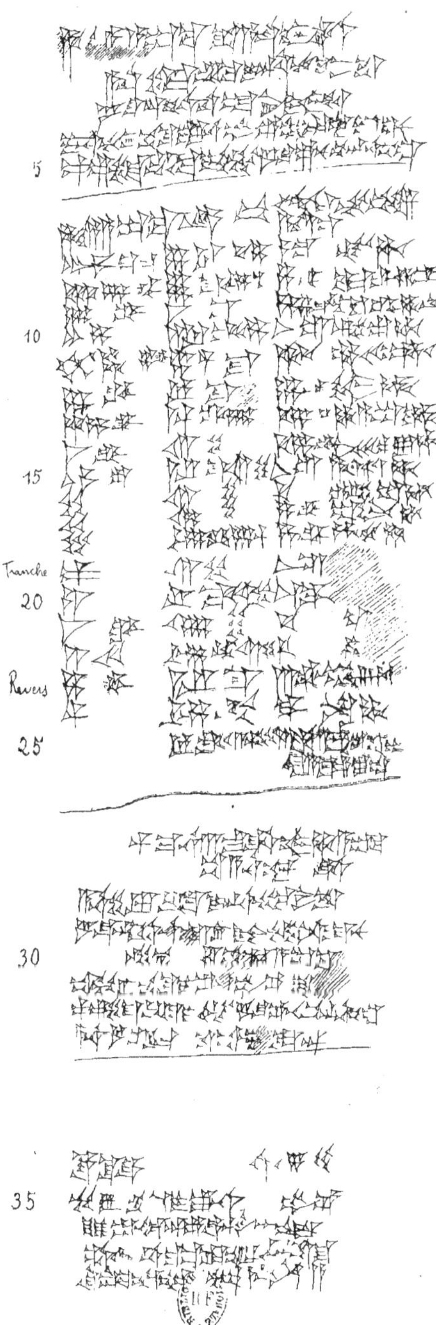

H. E. 119

H. E. 120

Face

5

5

10

10

15

Tranche

Revers

Revers

20

20

25

30

35

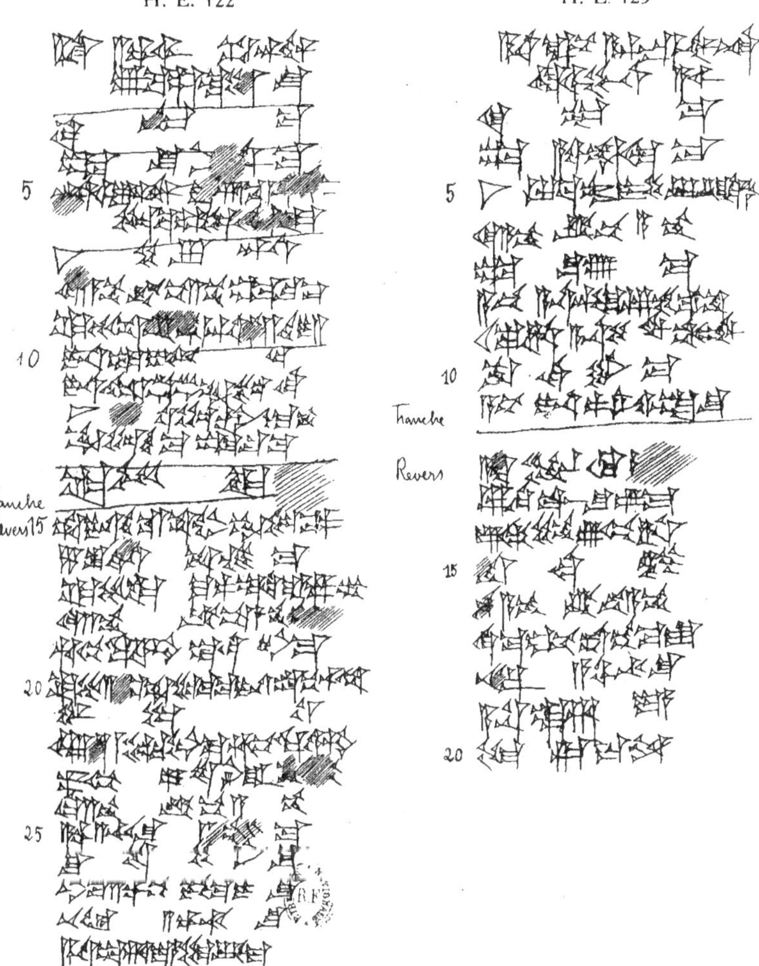
H. E. 122
H. E. 123
5
10
Tranche
Revers
15
20
25
Tranche
Revers 15
20
25
5
10
Tranche
Revers
15
20

H. E. 124

H E. 125

5

5

Tranche
Revers

10

10

Tranche

Revers

15

15

20

25

Sceau H E 124

H. E. 126

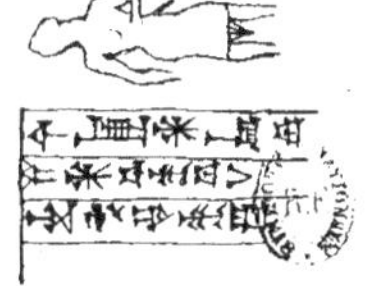

Sceau H E 126

H. E. 127

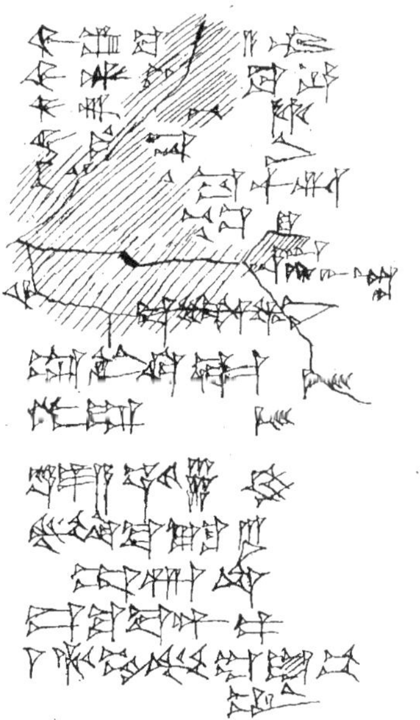

H. E. 129

5

Verso

10

Sceau H E 129

H. E. 131

H. E. 130

5

5

Tranche

Revers

10

15

Verso

10

H. E. 132

H. E. 133

Revers

Tranche

Revers

H. E. 134

H. E. 135

H. E. 136

Revers

Revers

Sceau H E 136

H. E. 137

H. E. 138

Tranche

Revers

Revers 5

5

10

H. E. 139

5

Tranche

Revers

·10

Sceau H E 139

H. E. 141

H. E. 140

Tranche 5

10

5

Revers

H. E. 142

Sceau H E 140

5

Tranche

10

Revers

Sceau H E 112

15

20

H. E. 143

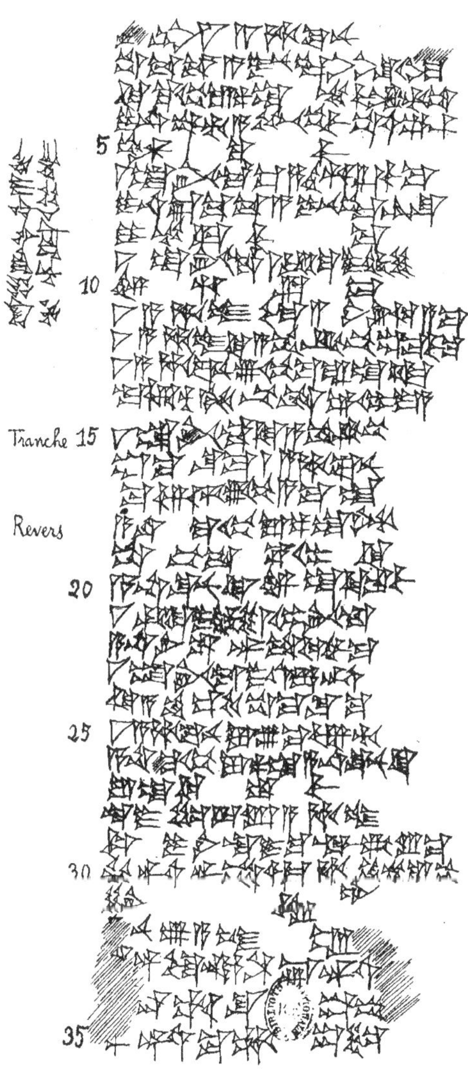

H. E. 147

5

10

Revers

15

H. E. 193

H. E. 167

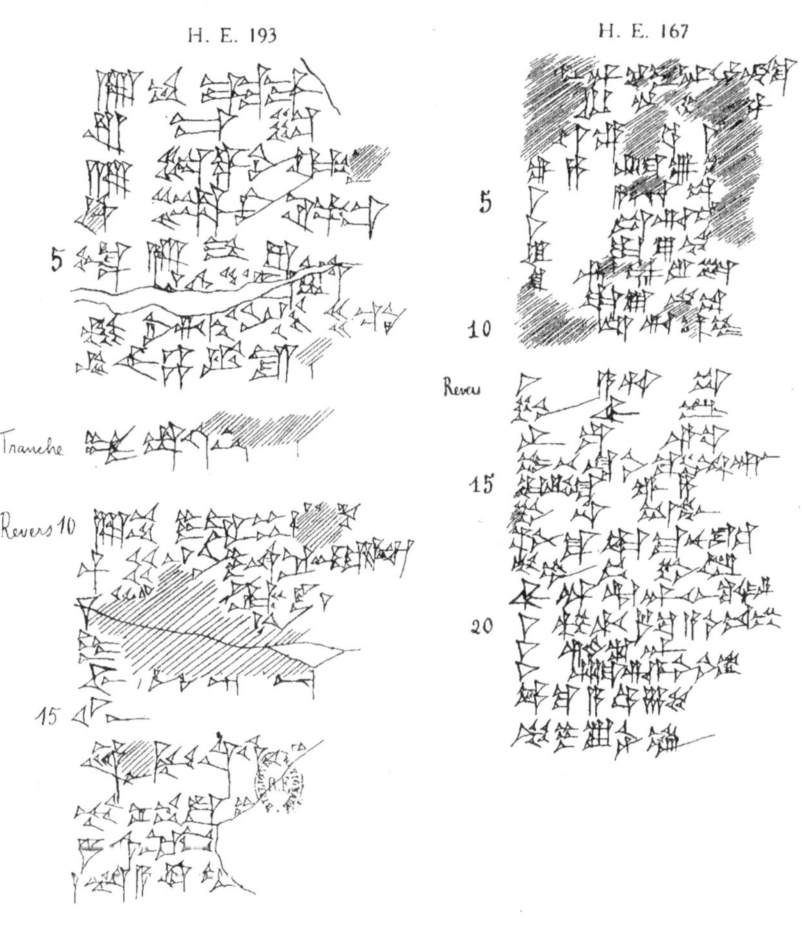

H. E. 196

H. E. 201

5

Tranche

Revers

10

5

10

15

20

25

30

35

Sceau H E 201

H. E. 202

H. E. 205

Tranche 5

Revers

Revers

10

H. E. 208

5

Tranche

Revers

10

H. E. 210

H. E. 212

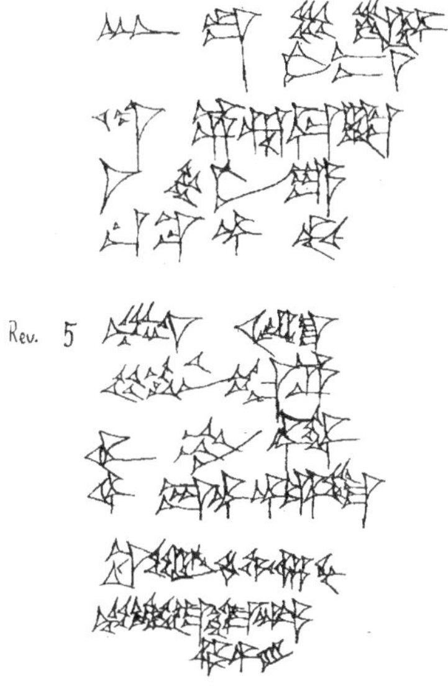

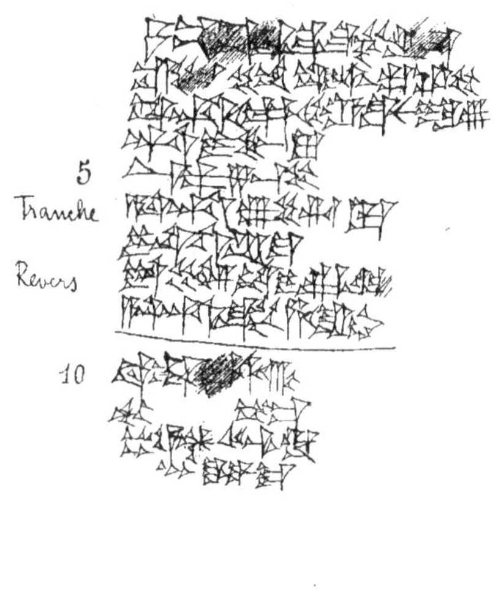

Sceau H E 210

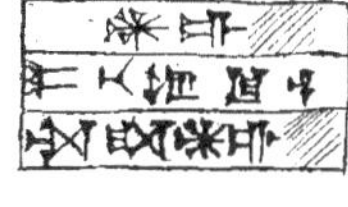

H. E. 218

H. E. 211

H. E. 220

H. E. 221

5

Tranche

10

15

H. E. 266

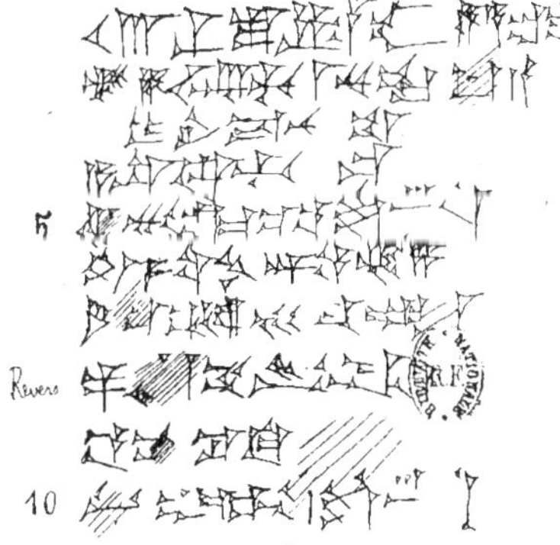

5

Revers

10